The Elements of Rhythm

Volume II

Relative Notation and Counting Syllables

David R. Aldridge

Rollinson Publishing Co.

© 2012 Rollinson Publishing Co.

All Rights Reserved

International Copyright Secured

Any unauthorized duplication of this book or its contents is a violation of copyright laws. No parts of this publication may be reproduced, stored in retrieval systems, or transmitted, in any form or by any means, electronic, mechanical, photocopying, recording, or otherwise, without the prior written permission of Rollinson Publishing Co.

Published 2012 by Rollinson Publishing Co., Los Angeles, California

First Edition

First Printing 2012

ISBN 978-0-9852237-1-7

www.RollinsonPublishing.com

Production and Book Design: David R. Aldridge
Layout: David R. Aldridge, Michelle Nati
Proofreading: Betsey Stephens
Cover Photo: Clearview Stock

Cover art inspired by Kaikay Hwang

"It's like *déjà vu* all over again."
— *Yogi Berra*

Table of Contents

Preface — vi

Introduction — vii

Part I - Overview — 9

    Absolute Sound Shapes and Relative Notation — 10

    Multi-Stave Event Point Pattern Presentation — 14

    Familiar Friends, Different Counting Syllables — 16

Part II - Multi-Stave Event Point Patterns — 17

Levels 2 - 4	Counting Syllables	20
Level 2	2/2, 2/4, 2/8, 2/16, 2/32	22
Level 3	3/2, 3/4, 3/8, 3/16, 3/32	23
Level 4	4/2, 4/4, 4/8, 4/16, 4/32	24
Level 5	Counting Syllables	28
Level 5	5/2, 5/4, 5/8, 5/16, 5/32	30
Level 6	Counting Syllables (Compound Beat, Pt. 1)	37
Level 6	Counting Syllables (Compound Beat, Pt. 2)	39
Level 6	6/2, 6/4, 6/8, 6/16, 6/32 (Compound Beat)	42
Level 6	Counting Syllables (Simple Beat Division)	53
Level 6	3/2, 3/4, 3/8, 3/16, 3/32 (Simple Beat Division)	56
Level 7	Counting Syllables	66
Level 7	7/2, 7/4, 7/8, 7/16, 7/32	70
Level 8	Counting Syllables (Beat Division)	88
Level 8	4/2, 4/4, 4/8, 4/16, 4/32 (Beat Division)	94
Level 8	Counting Syllables (Beat Subdivision)	128
Level 8	2/2, 2/4, 2/8, 2/16 (Beat Subdivision)	134

Afterword — 166

Acknowledgments

This volume is a continuation of materials presented in *The Elements of Rhythm Volume I*, and many thanks go to everyone previously mentioned, plus a few additional friends whose encouragement was always well-timed. **John Montgomery**, Los Angeles drummer/educator, looked at the early version of *Volume I* when it contained every_thing and offered very helpful and sane suggestions about dividing the material into two volumes. **Wolfram Winkel**, percussionist, college professor and creator of the *Polyrhythm* app, provided many supportive e-mails from Germany, inspiring me to be t-h-o-r-o-u-g-h.

Betsey Stephens, bassist and odd meter maven, tackled the proofreading with meticulous assault from her fortress in Las Vegas and believed in this project from our first meeting. **Gemma Boyd**, a fine jazz bassist, offered notes of good will and cheer from London and Paris, reminding me that a little obsessive-compulsive behavior can actually be a *good* thing.

I am particularly grateful to **all the visitors** from around the world who have stopped by to read *David Aldridge's Drumming Blog* (DavidAldridge.wordpress.com). It's nice to know that people are interested in many facets of rhythm, and hopefully, this series will not disappoint.

Lastly, endless thanks goes to **Kaikay Hwang**, artist, for love, support and understanding. The covers for both volumes were inspired by her appreciation all things interstellar, and this two-book undertaking would have never seen the final light of day without her.

Preface

How many different ways to count a rhythm pattern do you suppose there are? The literal answer depends on the metric context in which the pattern occurs. Notation is a relative medium, so, the answer is relative as well. The **sound shape** of the pattern, however, remains **absolute**.

The Elements of Rhythm Volume II presents the fundamental building block rhythm patterns from *Volume I* in up to five different metric contexts on multi-music staves, such as in this example:

This approach assists readers in achieving a better understanding of the relativity of notation and counting syllables by:

   1. Playing identically sounding patterns that are counted identically with different note values

   2. Using different counting exercises for these patterns and disregarding the time signature

A complete list of counting syllables are included in stand-alone tables. These are especially helpful for young and beginning readers, and they also have some very interesting applications involving the visualization of notation.

Volume II's primary objective is to help decondition readers from certain expectations associated with rest/note values in standard metric contexts. The traditional and alternative counting exercises provided offer ample study material for all instrumentalists and vocalists, and both *Volume I and II* may be used interchangeably for study and teaching purposes.

Introduction

Music notation is as close to an international language as anything ever invented. Like mathematics, the shared understanding of rest and note values makes performance possible across virtually all borders. While the literal language of counting may differ, our exploration of relative notation and counting syllable concepts can be applied across those borders as well.

Our approach to relative notation is particularly valuable for readers wishing to further develop their conception of how polyrhythms sound. For example, if you can read a basic quarter note rhythm in 5/4, you can eventually progress to playing that same pattern in 5/8 and 5/16. When you then encounter a complex quintuplet in 5/4, it will be far less intimidating.

The Elements of Rhythm Volume I presented a unifying theory of rhythm pattern development that introduced binary logic (2^n) to create the fundamental building block rhythm patterns. However, only the basic aspects of counting were explored, In *Volume II*, we thoroughly examine counting syllables, focusing on the issue of "translating" rhythm patterns as they occur in different metric contexts. We also categorize the fundamental patterns using the Binary Rhythm Pattern Indexing System, introduced in *Volume I*.

There are indeed many ways to count a rhythm pattern as you strive for mastery of performance. With hard work and continued practice, a thorough study of these materials will help make your rhythmic objectives quite attainable. *The Elements of Rhythm Volume II* is dedicated to that journey and the rewards it will yield.

David R. Aldridge
Los Angeles, California 2012

* / / *

Part I

OVERVIEW

In this part, we will discuss:

- Absolute Sound Shapes and Relative Notation

- Multi-Stave Event Point Pattern Presentation

- Familiar Friends, Different Counting Syllables

ABSOLUTE SOUND SHAPES AND RELATIVE NOTATION

"Absolute sound shapes" refers to combinations of silence and sound that are expressed without the use of notation. We introduced this term in *The Elements of Rhythm Volume I*, and we'll offer a brief summary to explain how we can initially create rhythm patterns by using only 0's and 1's. **Figure 1** illustrates beat and beat division levels, limited here to eight. The slash and asterisks refer to "**event points**," which are locations in measured time where one of two "**events**" (silence or sound) may occur. The numbered rows are referred to as "**event point levels**."

```
1    /
2    * *
3    * * *
4    * * * *
5    * * * * *
6    * * * * * *
7    * * * * * * *
8    * * * * * * * *
```

Figure 1. *Event Point Level Table*

Figure 2 assigns 0's for silence and 1's for sound, creating **event point patterns**.

```
1    0
2    0 1
3    0 1 0
4    1 1 1 0
5    1 1 0 1 1
6    1 0 1 0 0 1
7    0 1 1 0 0 0 1
8    1 0 1 1 0 1 1 1
```

Figure 2. *Random Event Point Patterns Created Using 0's and 1's*

Figure 3 calculates the finite number of possible event point patterns (absolute sound shapes) for 1 - 8 beat and beat division levels.

1	/	2^1	2 x 1 = **2**
2	* *	2^2	2 x 2 = **4**
3	* * *	2^3	2 x 2 x 2 = **8**
4	* * * *	2^4	2 x 2 x 2 x 2 = **16**
5	* * * * *	2^5	2 x 2 x 2 x 2 x 2 = **32**
6	* * * * * *	2^6	2 x 2 x 2 x 2 x 2 x 2 = **64**
7	* * * * * * *	2^7	2 x 2 x 2 x 2 x 2 x 2 x 2 = **128**
8	* * * * * * * *	2^8	2 x 2 x 2 x 2 x 2 x 2 x 2 x 2 = **256**

Figure 3. *Finite Number of Possible Event Point Patterns for 1 - 8 Beat/Beat Division Levels*

Figure 4 systematically pairs 0's and 1's to create hypothetical patterns from **Figure 3**. In this example, we generate the eight possible event point patterns from Event Point Level 3, giving us a glimpse of the logical order and evolution of absolute sound shapes.

```
              0         1

   0 0      0 0 0     0 0 1

   0 1      0 1 0     0 1 1

   1 0      1 0 0     1 0 1

   1 1      1 1 0     1 1 1
```

Figure 4. *Level 3 Event Point Patterns Created Using 0's and 1's*

Figure 5 replaces the 0's and 1's from **Figure 4** with quarter rests and quarter notes to create practical notational examples of the Level 3 event point patterns.

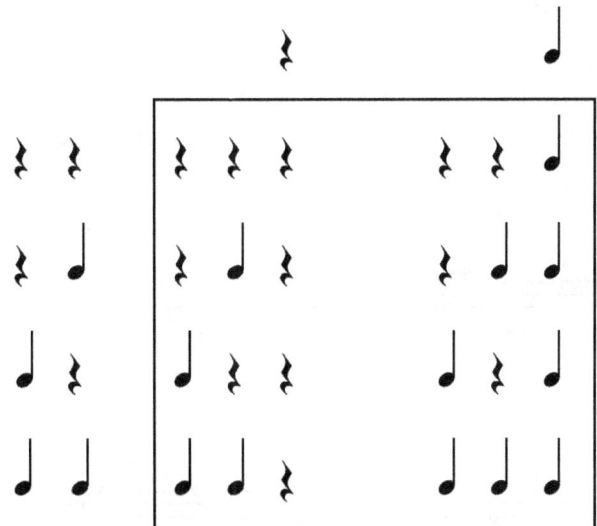

Figure 5. *Level 3 Event Point Patterns Created Using Quarter Rests/Notes*

"**Relative notation**" refers to the rest and note values used to express absolute sound shapes, based on the metric context in which they occur. For example, the eight rest/note values in **Figure 5** (p. 11) could be expressed as beat note combinations occurring in 3/4 and as quarter note triplets occurring in 4/4 (**Figures 5a-5b**).

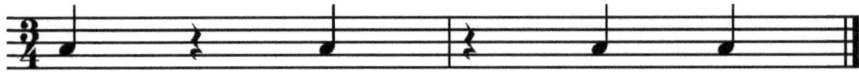

Figure 5a. *Quarter Notes at the Beat Level in 3/4*

Figure 5b. *Quarter Note Triplets in 4/4*

The context is significant for two reasons: expectation and temporal translation. Throughout the experience of learning how to read music, we become somewhat conditioned to seeing and expecting to see certain rest/note shape combinations that are counted at certain division levels.

As **Figure 6** illustrates, we are generally used to seeing a group of four sixteenth rests and notes occurring at the beat subdivision level. We are also used to counting those sixteenth rests and notes with a fairly standard group of syllables:

Figure 6. *Sixteenth Notes at the Beat Subdivision Level in 4/4*

Likewise, when we see identical rest/note values in different meters (**Figure 7**), a sort of **"temporal translation"** process is required, where we substitute the syllables used to count the patterns:

Figure 7. *Same note symbols, **different** beat note values, similar counting syllables*

The highest workload level of the temporal translation process occurs when we experience **shifting meters** in a composition (**Figure 8**):

Figure 8. *Same note symbols, **different** beat note values, **different** counting syllables*

The reality of sight-reading music, especially in cases like this, is that we must interpret notation as quickly and accurately as possible. The practicality is that by studying the finite building block patterns in a **non**-sight reading environment, we can take our time and become familiar with both their absolute sound shapes and their possible counting contexts.

We will be applying this concept to expand our understanding of relative notation and to improve our temporal translation abilities. We'll do this initially by reading the fundamental building block rhythm patterns in a series of multi-stave environments (**Figure 9**).

Figure 9. ***Different*** *note symbols, **different** beat note values, same counting syllables*

This example offers a clear illustration of our relative notation concept, where the patterns **sound** identical, are **counted** identically, yet **differ** only in their beat note contexts.

Now let's look at how we'll specifically address the deconditioning process.

MULTI-STAVE EVENT POINT PATTERN PRESENTATION

We'll start our relative notation deconditioning by first reading the fundamental patterns **Laterally**, in a multi-stave format. In **Figure 10** below, the 4/2, 4/4, 4/8, 4/16 and 4/32 measures are counted identically and produce **exactly** the same sound when using the same beat note tempo. The only significant differences are the beat note values.

- Start with the familiar 4/4 context, reading the four measures per staff, counting the patterns aloud throughout all the exercises

- Then, shift up to the 4/2 music staff and read those four measures, using the same beat note tempo

- Now play the 4/8, 4/16 and 4/32 versions, using the same beat note tempos

- For additional practice, read through all or just portions of the five-stave examples, shifting from one meter to another as you progress through each of the four measures groupings (e.g., 4/4, 4/16, 4/2, 4/8)

Advanced readers will not likely need to spend too much time counting the patterns aloud, but for less experienced readers, doing so will help greatly in more fully appreciating and understanding the relative nature of notation.

Figure 10. *Identical Patterns Written in 4/2, 4/4, 4/8, 4/16, 4/32, Read* **Laterally**

Next, we'll modify our approach and read the same patterns **Vertically.**

Imagine the column below in **Figure 11** shifting from left to right, helping you focus on the group of five different time signatures. The patterns are played at the same tempo, they sound identical, and they are counted in **exactly** the same manner:

- Begin with the 4/2 measure, then read **down** to the 4/4, 4/8, 4/16 and 4/32 versions of the same patterns using the same beat note tempo

- As with the **Lateral** example, reading aloud is very helpful, forcing you to "push" past the familiar expectation of how rests and notes are typically counted

- For variety, start with the 4/32 measure and work your way **up**, to 4/16, 4/8, 4/4 and 4/2, or, scan the multi-staves randomly (up, down, going backwards, forwards, etc.)

You may proceed in this manner from one Event Point Level to another in consecutive order, or, go directly to the Event Point Level that most interests you and focus on a particular segment. With both the **Lateral** and **Vertical** practice methods, the emphasis is NOT on sight-reading. Take your time and became <u>very</u> familiar with the absolute sound shapes and their contours. Pay close attention to the spaces between the notes to let them breathe.

And remember: the objective of these exercises is to shift from one metric context to another smoothly. Do this slowly at first, and you will be pleasantly surprised at the results.

Figure 11. *Identical Patterns Written in 4/2, 4/4, 4/8, 4/16, 4/32, Read* **Vertically**

FAMILIAR FRIENDS, DIFFERENT COUNTING SYLLABLES

Our second relative notation deconditioning approach explores the fundamental building block patterns **using different counting syllables,** presented in a series of Counting Syllable Tables. Practicing the patterns in this environment is especially helpful for non-reading and beginning music readers for hearing the absolute sound shapes without requiring the use of notation.

Once we move to the multi-stave measures, we will apply the counting syllables listed below, initially following and then **disregarding the time signatures**. This practice method is borrowed from Danny Pucillo's *A New Concept of Reading Drum Music* (Ro Dan Music, 1978). Exercises for exploring this temporal translation process are presented in each section of Part II.

Note: For all examples, the "+"symbol will be pronounced "and."

Level 2 Event Point Pattern Counting Syllables
1 2
1 +

Level 3 Event Point Pattern Counting Syllables
1 2 3
1 + uh

Level 4 Event Point Pattern Counting Syllables
1 2 3 4
1 + 2 +
1 e + uh

Level 5 Event Point Pattern Counting Syllables
1 2 3 4 5 (also grouped as 1 2, 1 2 3 and 1 2 3, 1 2)

Level 6 Event Point Pattern Counting Syllables (Compound Beat)
1 2 3   4 5 6
1 + uh 2 + uh

Level 6 Event Point Pattern Counting Syllables (Simple Beat Division)
1 + 2 + 3 +

Level 7 Event Point Pattern Counting Syllables
1 2 3 4 5 6 7 (also grouped as 1 2, 1 2, 1 2 3 and 1 2, 1 2 3, 1 2 and 1 2 3, 1 2, 1 2)

Level 8 Event Point Pattern Counting Syllables
1 + 2 +   3 + 4 +
1 e + uh 2 e + uh

Part II

MULTI-STAVE EVENT POINT PATTERNS

In this part, we will:

- present the fundamental building block rhythm patterns from Levels 2 - 8 in multi-stave measure contexts

- introduce Counting Syllable Tables for the Level 2 - 8 event point patterns

- include basic polyrhythm conception exercises for Levels 5 and 7, with discussion regarding quintuplets and septuplets

Levels 2 - 4 Event Point Patterns

In this section, we will:

- count and play the fundamental rest/note pattern possibilities for Event Point Levels 2, 3 and 4

The patterns will occur in the following metric contexts:

- 2/2, 2/4, 2/8, 2/16, 2/32

- 3/2, 3/4, 3/8, 3/16, 3/32

- 4/2, 4/4, 4/8, 4/16, 4/32

We'll be using five different beat note values, but all of the patterns in each metric context will occur at exactly the same tempo and will be counted with identical syllables.

Levels 2 - 4 Event Point Patterns
Counting Syllable Tables

Music teachers and self-study musicians can use the Counting Syllable Tables on page 20 to teach and study the absolute sound shapes for Event Point Levels 2, 3 and 4. These tables are especially useful for young and beginning readers.

The **bolded/underlined** syllables are sounded, while the others remain silent. The sounded syllables may be clapped, tapped or counted aloud.

Each group of syllables are numbered, and they match the corresponding numbered multi-stave measures on pp. 22-25. When playing these music notation patterns, count them sequentially (i.e., 1 +, 2 +, 1 2 3, 2 2 3, 1 e + uh, 2 e + uh, etc.) as described on p. 21.

The counting syllables are not difficult to perform, but if you want to make them more interesting, **visualize** the notation associated with them. Use half, quarter, eighth, sixteenth and thirty-second notes as beat note values. Even if you do this for only a few examples, you will be strengthening an aspect of musicality not often explored.

Level 2 Event Point Patterns Counting Syllables

☐1	1 2	1 **2**	**1** 2	**1** **2**
☐1	1 +	1 **+**	**1** +	**1** **+**

Level 3 Event Point Patterns Counting Syllables

☐1	1 2 3	1 2 **3**	1 **2** 3	1 **2** **3**
	1 2 3	**1** 2 **3**	**1** **2** 3	**1** **2** **3**

☐1	1 + uh	1 + **uh**	1 **+** uh	1 **+** **uh**
	1 + uh	**1** + **uh**	**1** **+** uh	**1** **+** **uh**

Level 4 Event Point Patterns Counting Syllables

☐1	1 2 3 4	1 2 3 **4**	1 2 **3** 4	1 2 **3** **4**
☐2	1 **2** 3 4	1 **2** 3 **4**	1 **2** **3** 4	1 **2** **3** **4**
☐3	**1** 2 3 4	**1** 2 3 **4**	**1** 2 **3** 4	**1** 2 **3** **4**
☐4	**1** **2** 3 4	**1** **2** 3 **4**	**1** **2** **3** 4	**1** **2** **3** **4**

☐1	1 + 2 +	1 + 2 **+**	1 + **2** +	1 + **2** **+**
☐2	1 **+** 2 +	1 **+** 2 **+**	1 **+** **2** +	1 **+** **2** **+**
☐3	**1** + 2 +	**1** + 2 **+**	**1** + **2** +	**1** + **2** **+**
☐4	**1** **+** 2 +	**1** **+** 2 **+**	**1** **+** **2** +	**1** **+** **2** **+**

☐1	1 e + uh	1 e + **uh**	1 e **+** uh	1 e **+** **uh**
☐2	1 **e** + uh	1 **e** + **uh**	1 **e** **+** uh	1 **e** **+** **uh**
☐3	**1** e + uh	**1** e + **uh**	**1** e **+** uh	**1** e **+** **uh**
☐4	**1** **e** + uh	**1** **e** + **uh**	**1** **e** **+** uh	**1** **e** **+** **uh**

Levels 2 - 4 Event Point Patterns
Counting Syllable Exercises

For the 2/2 - 2/32 measures on page 22, use the **Lateral** and **Vertical** practice methods discussed on pp. 14-15:

   a. Read each measure, counting 1 2, 2 2, etc.

   b. Read groups of **four** measures, counting 1 + 2 + 3 + 4 +, and **disregard** the time signature

   c. Read groups of **two** measures, counting 1 e + uh 2 e + uh, and **disregard** the time signature

For the 3/2 - 3/32 measures on page 23, use the **Lateral** and **Vertical** practice methods discussed on pp. 14-15:

   a. Read each measure, counting 1 2 3, 2 2 3, etc.

   b. Read groups of **four** measures, counting 1 + uh 2 + uh 3 + uh 4 + uh, and **disregard** the time signature

For the 4/2 - 4/32 measures on pp. 24-25, use the **Lateral** and **Vertical** practice methods discussed on pp. 14-15:

   a. Read each measure, counting 1 2 3 4, 2 2 3 4, etc.

   b. Read each measure, counting 1 + 2 +, 2 + 2 +, etc., and **disregard** the time signature

   c. Read groups of **four** measures, counting 1 e + uh 2 e + uh 3 e + uh 4 e + uh, and **disregard** the time signature

Note: All measure groupings are identified using the Binary Rhythm Pattern Indexing System, introduced in The Elements of Rhythm Volume I. *This categorizing system helps organize the complete list of building block rhythm patterns.*

The numbers beneath the last vertical group of each measure indicate the Event Point Level at which the rhythm pattern occurs and the sequence in which it is generated.

For more information, please refer to The Elements of Rhythm Volume I, *page 30.*

Level 2 Event Point Patterns

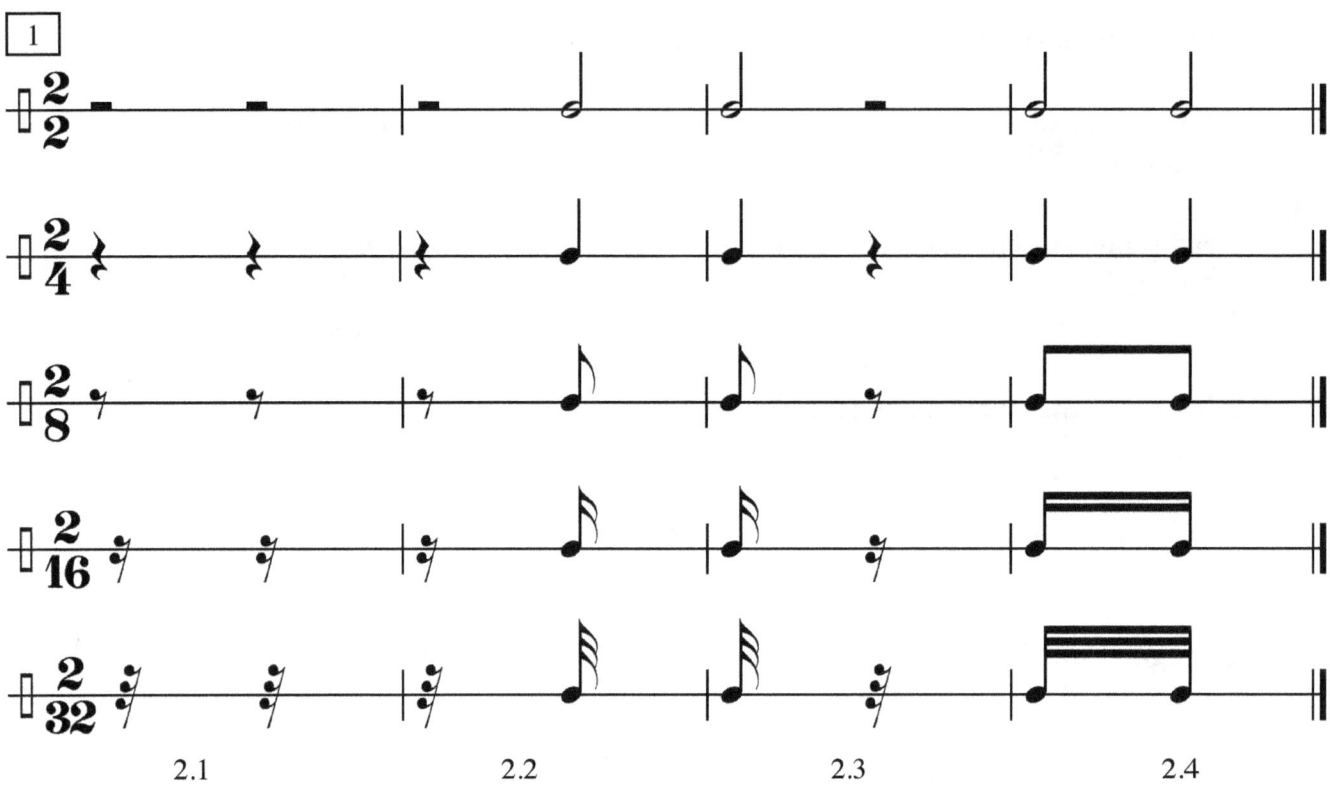

Level 3 Event Point Patterns

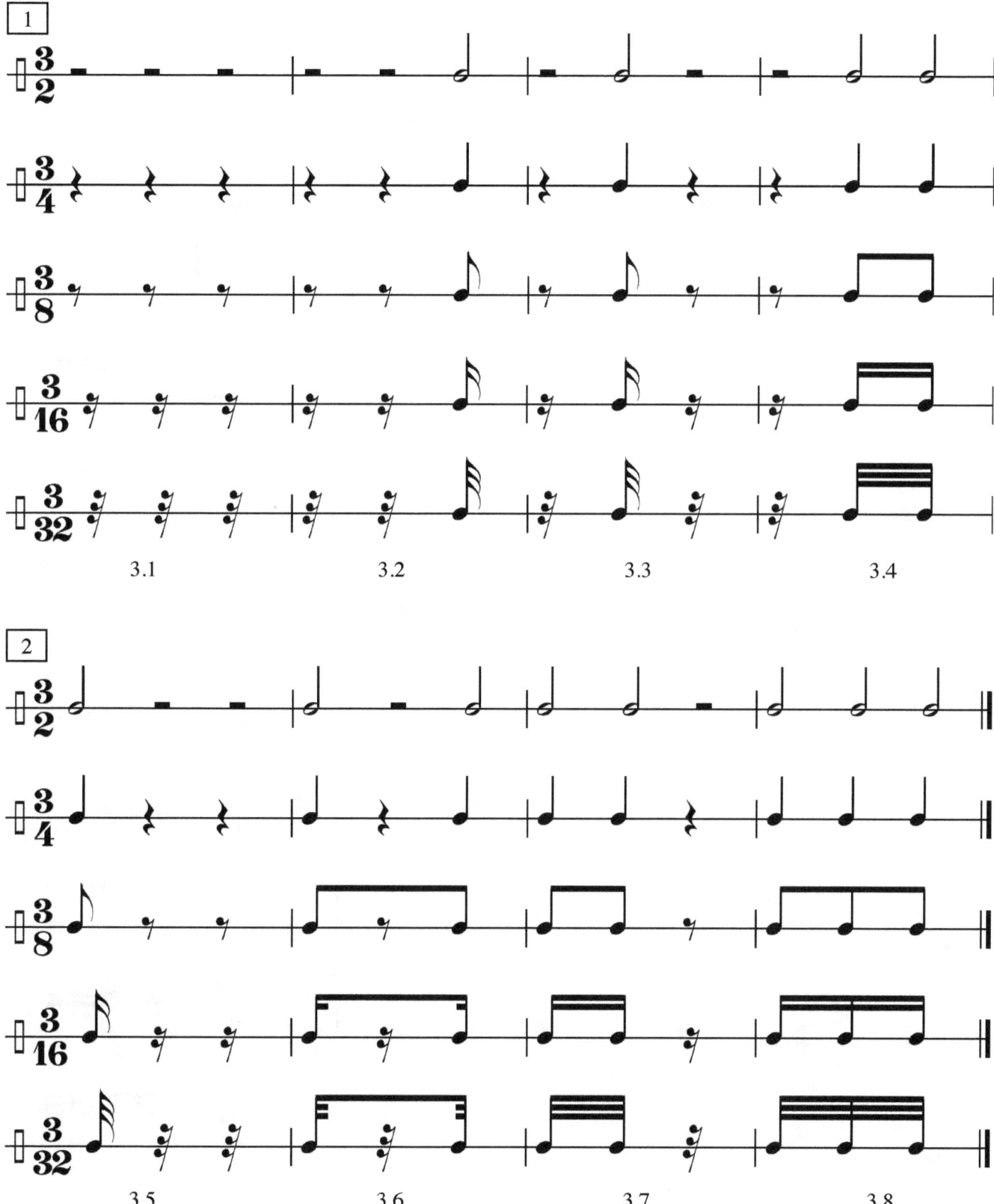

Level 4 Event Point Patterns

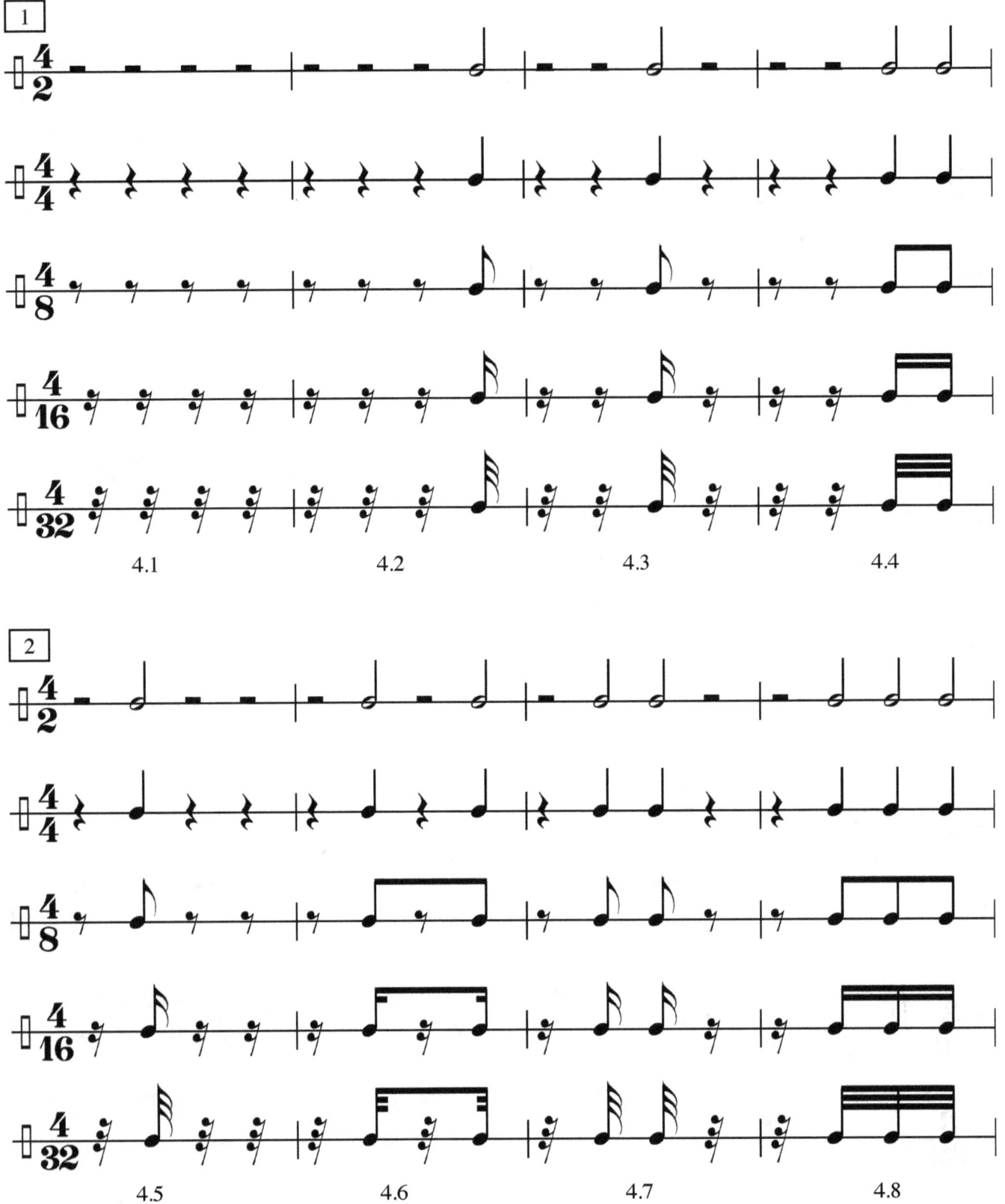

Level 4 Event Point Patterns (cont'd)

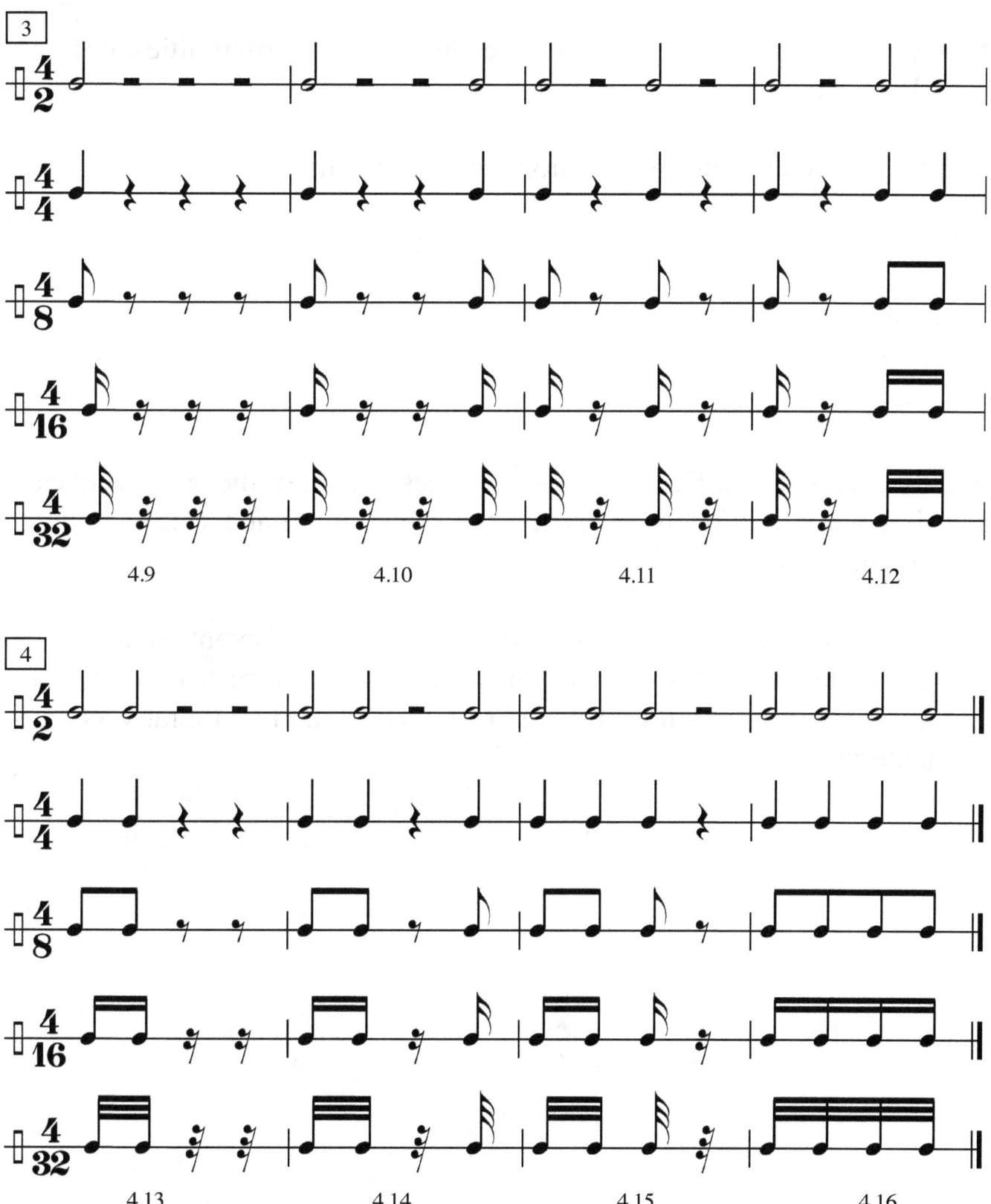

Level 5 Event Point Patterns

In this section, we will:

- count and play the fundamental rest/note pattern possibilities for Event Point Level 5

The patterns will occur in the following metric contexts:

- 5/2
- 5/4
- 5/8
- 5/16
- 5/32

We'll be using five different beat note values, but all of the patterns in each metric context will occur at exactly the same tempo and will be counted with identical syllables.

Note: In *The Elements of Rhythm Volume I*, the Level 5 event point patterns are presented with dotted rests in the music measure format. We are presenting them here **without** dotted rests to offer a more literal version of the patterns.

Level 5 Event Point Patterns
Counting Syllable Tables

Music teachers and self-study musicians can use the Counting Syllable Tables on page 28 to teach and study the absolute sound shapes for Event Point Level 5. These tables are especially useful for young and beginning readers.

The **bolded/underlined** syllables are sounded, while the others remain silent. The sounded syllables may be clapped, tapped or counted aloud.

Each group of syllables are numbered, and they match the corresponding numbered multi-stave measures on pp. 30-33. When playing these music notation patterns, count them as described on p. 29.

The counting syllables are not difficult to perform, but if you want to make them more interesting, **visualize** the notation associated with them. Use half, quarter, eighth, sixteenth and thirty-second notes as beat note values. Even if you do this for only a few examples, you will be strengthening an aspect of musicality not often explored.

Level 5 Event Point Patterns
Counting Syllables

[1] 1 2 3 4 5   1 2 3 4 **5**   1 2 3 **4** 5   1 2 3 **4 5**

[2] 1 2 **3** 4 5   1 2 **3** 4 **5**   1 2 **3 4** 5   1 2 **3 4 5**

[3] 1 **2** 3 4 5   1 **2** 3 4 **5**   1 **2** 3 **4** 5   1 **2** 3 **4 5**

[4] 1 **2 3** 4 5   1 **2 3** 4 **5**   1 **2 3 4** 5   1 **2 3 4 5**

[5] **1** 2 3 4 5   **1** 2 3 4 **5**   **1** 2 3 **4** 5   **1** 2 3 **4 5**

[6] **1** 2 **3** 4 5   **1** 2 **3** 4 **5**   **1** 2 **3 4** 5   **1** 2 **3 4 5**

[7] **1 2** 3 4 5   **1 2** 3 4 **5**   **1 2** 3 **4** 5   **1 2** 3 **4 5**

[8] **1 2 3** 4 5   **1 2 3** 4 **5**   **1 2 3 4** 5   **1 2 3 4 5**

Level 5 Event Point Patterns
Counting Syllable Exercises

Beat note patterns in 5 are typically counted 1 2 3 4 5, but the measures on pp. 30-33 may also be grouped and counted sequentially using 1 2, 1 2 3 or 1 2 3, 1 2.

Practice them using the **Lateral** or **Vertical** methods described on pp. 14-15. With either method, counting and playing the patterns in the beat note context is relatively easy, which greatly reduces their processing complexity when they are later encountered as polyrhythms.

For example, if you can read a simple four-measure pattern in 5/4:

Figure 12. *Quarter Rest/Note Pattern in 5/4*

... you can then progress to reading the **exact** same-sounding pattern in 5/16:

Figure 13. *Sixteenth Rest/Note Pattern in 5/16*

... *and*, you will have also played its polyrhythmic counterpart (and absolute sound shape) in a single measure of 5/4:

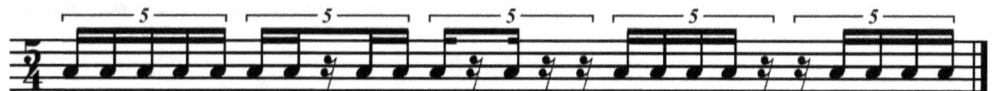

Figure 14. *Quintuplet Division of Quarter Notes in 5/4*

For advanced discussion on this practice method, please refer to *The Elements of Rhythm Volume I*, "Level 5 Event Point Patterns," pp. 53-57.

Note: All measure groupings are identified using the Binary Rhythm Pattern Indexing System, introduced in The Elements of Rhythm Volume I. *This categorizing system helps organize the complete list of building block rhythm patterns.*

The numbers beneath the last vertical group of each measure indicate the Event Point Level at which the rhythm pattern occurs and the sequence in which it is generated.

For more information, please refer to The Elements of Rhythm Volume I, *page 30.*

Level 5 Event Point Patterns

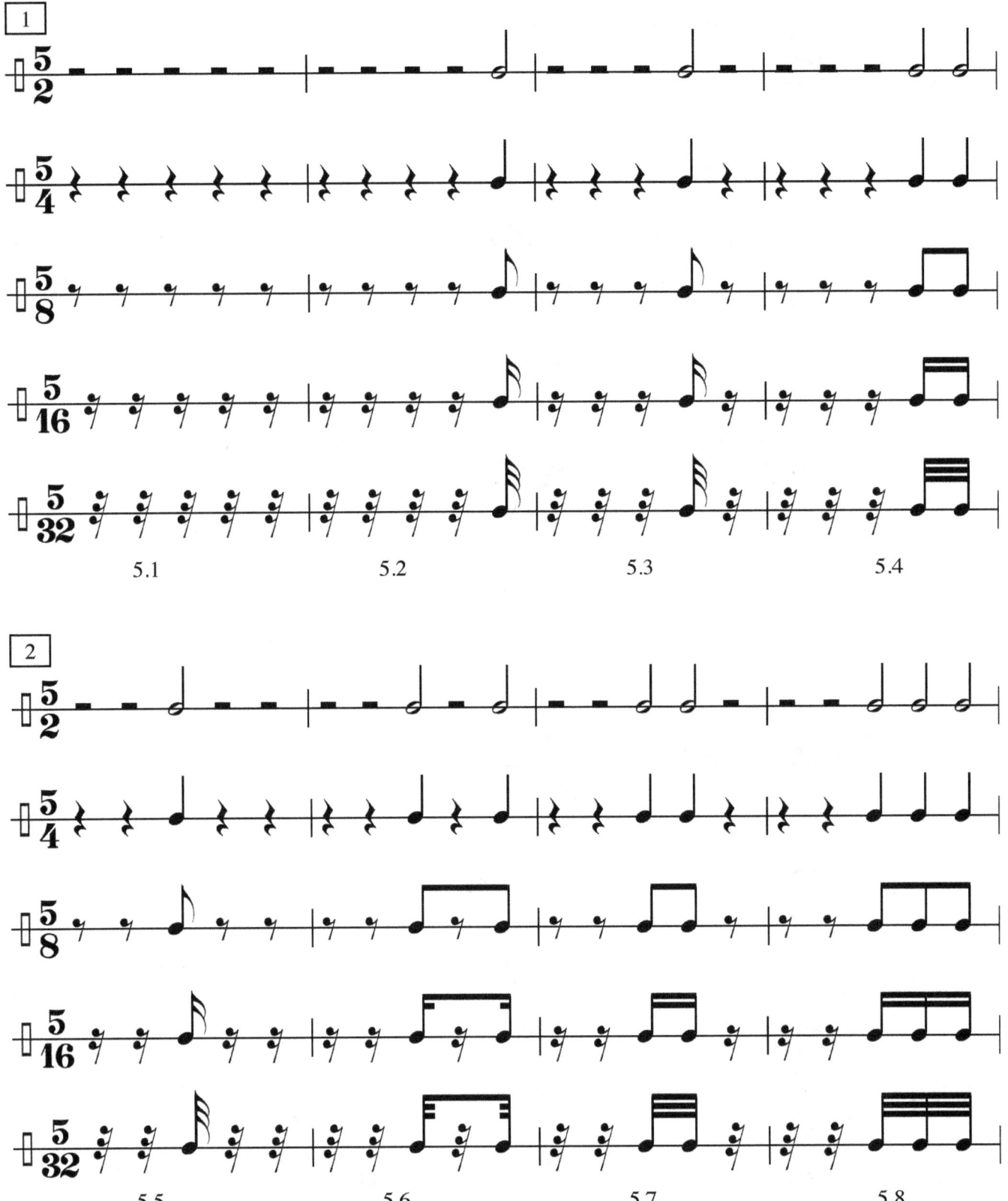

Level 5 Event Point Patterns (cont'd)

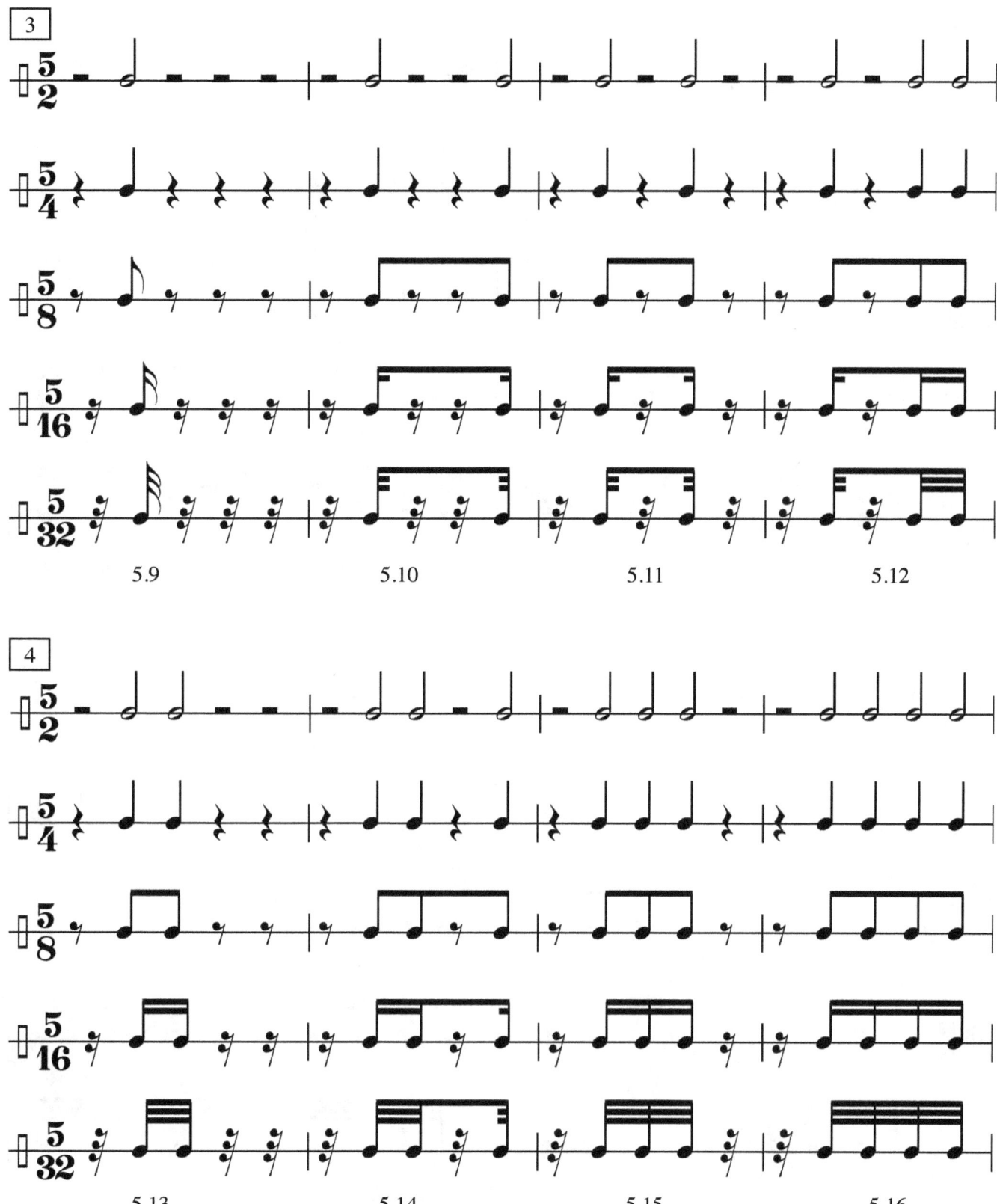

Level 5 Event Point Patterns (cont'd)

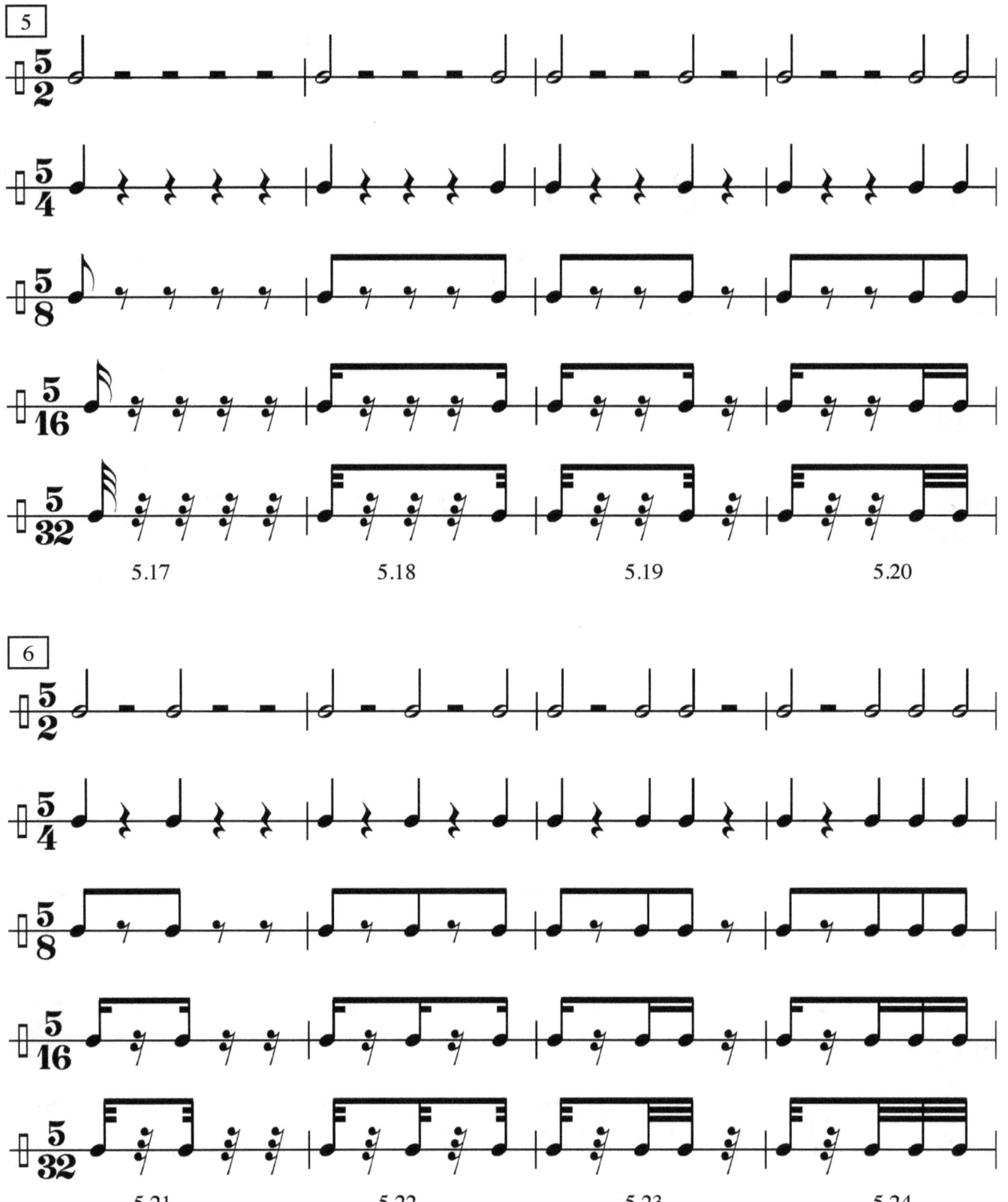

Level 5 Event Point Patterns (cont'd)

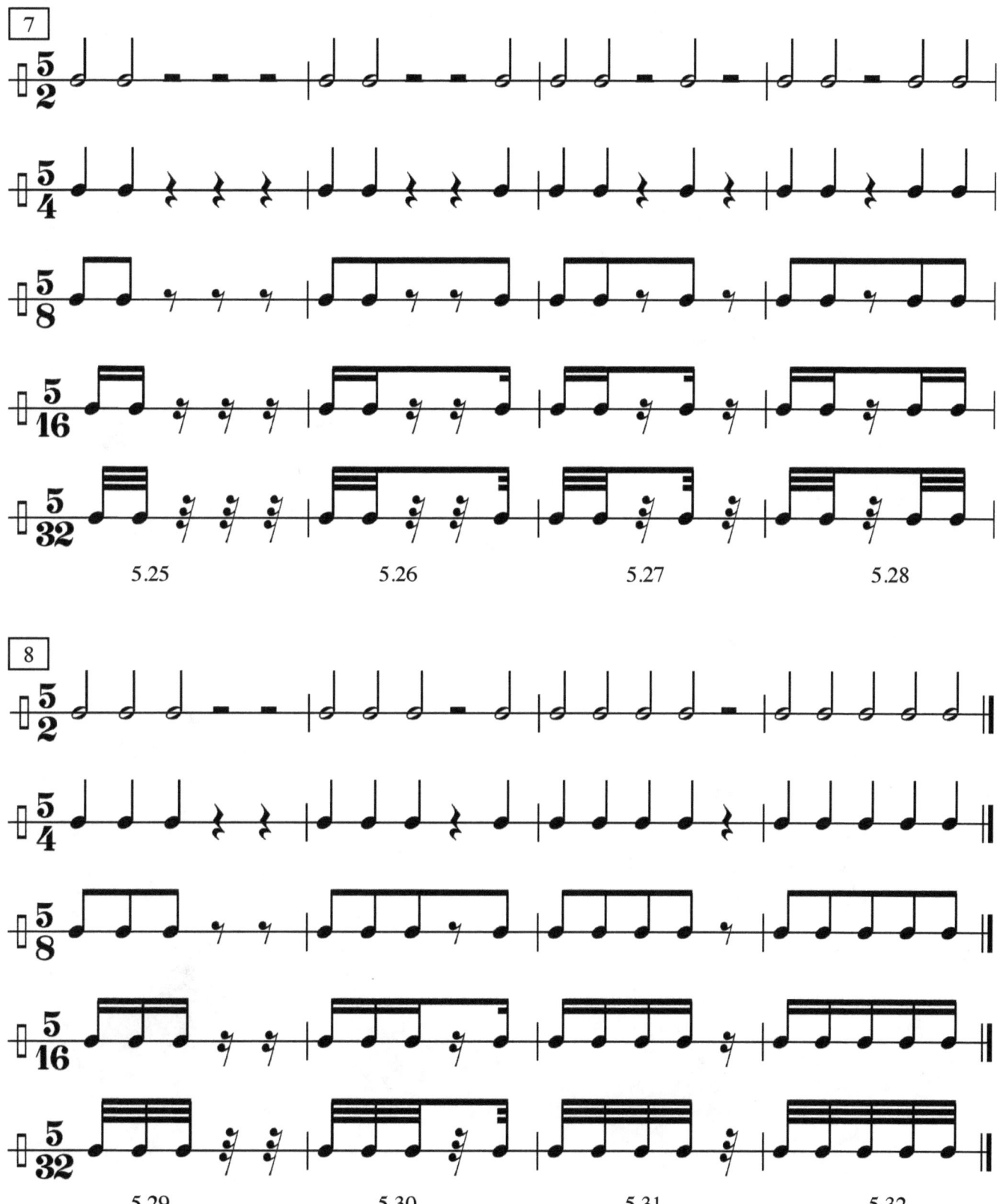

(this page intentionally left blank)

Level 6 Event Point Patterns
Compound Beat Level

In this section, we will:

- count and play the fundamental rest/note pattern possibilities for Event Point Level 6 at the Compound Beat level

The patterns will occur in the following metric contexts:

- 6/2
- 6/4
- 6/8
- 6/16
- 6/32

We'll be using five different beat note values, but the patterns in each metric context will occur at exactly the same tempo and will be counted with **two** sets of syllables.

Level 6 Event Point Patterns
Counting Syllable Tables
Compound Beat Level, Pt. 1

Music teachers and self-study musicians can use the Counting Syllable Tables on page 37 to teach and study the absolute Compound Beat sound shapes for Event Point Level 6. These tables are especially useful for young and beginning readers.

The **bolded/underlined** syllables are sounded, while the others remain silent. The sounded syllables may be clapped, tapped or counted aloud.

Each group of syllables are numbered, and they match the corresponding numbered multi-stave measures on pp. 42-49. When playing these music notation patterns, count them as described on p. 41.

The counting syllables are not difficult to perform, but if you want to make them more interesting, **visualize** the notation associated with them. Use half, quarter, eighth, sixteenth and thirty-second notes as the beat note values. Even if you do this for only a few examples, you will be strengthening an aspect of musicality not often explored.

Level 6 Event Point Patterns
Counting Syllables (Compound Beat Level, Pt. 1)

1.   1 2 3   4 5 6   1 2 3   4 5 **6**   1 2 3   4 **5** 6   1 2 3   4 **5** **6**

2.   1 2 3   **4** 5 6   1 2 3   **4** 5 **6**   1 2 3   **4** **5** 6   1 2 3   **4** **5** **6**

3.   1 2 **3**   4 5 6   1 2 **3**   4 5 **6**   1 2 **3**   4 **5** 6   1 2 **3**   4 **5** **6**

4.   1 2 **3**   **4** 5 6   1 2 **3**   **4** 5 **6**   1 2 **3**   **4** **5** 6   1 2 **3**   **4** **5** **6**

5.   1 **2** 3   4 5 6   1 **2** 3   4 5 **6**   1 **2** 3   4 **5** 6   1 **2** 3   4 **5** **6**

6.   1 **2** 3   **4** 5 6   1 **2** 3   **4** 5 **6**   1 **2** 3   **4** **5** 6   1 **2** 3   **4** **5** **6**

7.   1 **2** **3**   4 5 6   1 **2** **3**   4 5 **6**   1 **2** **3**   4 **5** 6   1 **2** **3**   4 **5** **6**

8.   1 **2** **3**   **4** 5 6   1 **2** **3**   **4** 5 **6**   1 **2** **3**   **4** **5** 6   1 **2** **3**   **4** **5** **6**

9.   **1** 2 3   4 5 6   **1** 2 3   4 5 **6**   **1** 2 3   4 **5** 6   **1** 2 3   4 **5** **6**

10.   **1** 2 3   **4** 5 6   **1** 2 3   **4** 5 **6**   **1** 2 3   **4** **5** 6   **1** 2 3   **4** **5** **6**

11.   **1** 2 **3**   4 5 6   **1** 2 **3**   4 5 **6**   **1** 2 **3**   4 **5** 6   **1** 2 **3**   4 **5** **6**

12.   **1** 2 **3**   **4** 5 6   **1** 2 **3**   **4** 5 **6**   **1** 2 **3**   **4** **5** 6   **1** 2 **3**   **4** **5** **6**

13.   **1** **2** 3   4 5 6   **1** **2** 3   4 5 **6**   **1** **2** 3   4 **5** 6   **1** **2** 3   4 **5** **6**

14.   **1** **2** 3   **4** 5 6   **1** **2** 3   **4** 5 **6**   **1** **2** 3   **4** **5** 6   **1** **2** 3   **4** **5** **6**

15.   **1** **2** **3**   4 5 6   **1** **2** **3**   4 5 **6**   **1** **2** **3**   4 **5** 6   **1** **2** **3**   4 **5** **6**

16.   **1** **2** **3**   **4** 5 6   **1** **2** **3**   **4** 5 **6**   **1** **2** **3**   **4** **5** 6   **1** **2** **3**   **4** **5** **6**

Level 6 Event Point Patterns
Counting Syllable Tables
Compound Beat Level, Pt. 2

Our second set of tables provides a commonly-used variation on the standard compound beat counting syllables. Music teachers and self-study musicians can use the Counting Syllable Tables on page 39 to teach and study the absolute Compound Beat sound shapes for Event Point Level 6. These tables are especially useful for young and beginning readers.

The **bolded/underlined** syllables are sounded, while the others remain silent. The sounded syllables may be clapped, tapped or counted aloud.

Each group of syllables are numbered, and they match the corresponding numbered multi-stave measures on pp. 42-49. When playing these music notation patterns, count them as described on p. 41.

The counting syllables are not difficult to perform, but if you want to make them more interesting, **visualize** the notation associated with them. Use half, quarter, eighth, sixteenth and thirty-second notes as the beat note values. Even if you do this for only a few examples, you will be strengthening an aspect of musicality not often explored.

Level 6 Event Point Patterns
Counting Syllables (Compound Beat Level, Pt. 2)

| 1 | 1 + uh 2 + uh   1 + uh 2 + **uh**   1 + uh 2 **+** uh   1 + uh 2 **+ uh** |
| 2 | 1 + uh **2** + uh   1 + uh **2 +** uh   1 + uh **2 +** uh   1 + uh **2 + uh** |

| 3 | 1 + **uh** 2 + uh   1 + **uh** 2 + **uh**   1 + **uh** 2 **+** uh   1 + **uh** 2 **+ uh** |
| 4 | 1 + **uh** **2** + uh   1 + **uh** **2 +** uh   1 + **uh** **2 +** uh   1 + **uh** **2 + uh** |

| 5 | 1 **+** uh 2 + uh   1 **+** uh 2 + **uh**   1 **+** uh 2 **+** uh   1 **+** uh 2 **+ uh** |
| 6 | 1 **+** uh **2** + uh   1 **+** uh **2 +** uh   1 **+** uh **2 +** uh   1 **+** uh **2 + uh** |

| 7 | 1 **+ uh** 2 + uh   1 **+ uh** 2 + **uh**   1 **+ uh** 2 **+** uh   1 **+ uh** 2 **+ uh** |
| 8 | 1 **+ uh** **2** + uh   1 **+ uh** **2 +** uh   1 **+ uh** **2 +** uh   1 **+ uh** **2 + uh** |

| 9 | **1** + uh 2 + uh   **1** + uh 2 + **uh**   **1** + uh 2 **+** uh   **1** + uh 2 **+ uh** |
| 10 | **1** + uh **2** + uh   **1** + uh **2 +** uh   **1** + uh **2 +** uh   **1** + uh **2 + uh** |

| 11 | **1** + **uh** 2 + uh   **1** + **uh** 2 + **uh**   **1** + **uh** 2 **+** uh   **1** + **uh** 2 **+ uh** |
| 12 | **1** + **uh** **2** + uh   **1** + **uh** **2 +** uh   **1** + **uh** **2 +** uh   **1** + **uh** **2 + uh** |

| 13 | **1 +** uh 2 + uh   **1 +** uh 2 + **uh**   **1 +** uh 2 **+** uh   **1 +** uh 2 **+ uh** |
| 14 | **1 +** uh **2 +** uh   **1 +** uh **2 + uh**   **1 +** uh **2 +** uh   **1 +** uh **2 + uh** |

| 15 | **1 + uh** 2 + uh   **1 + uh** 2 + **uh**   **1 + uh** 2 **+** uh   **1 + uh** 2 **+ uh** |
| 16 | **1 + uh** **2** + uh   **1 + uh** **2 + uh**   **1 + uh** **2 +** uh   **1 + uh** **2 + uh** |

(this page intentionally left blank)

Level 6 Event Point Patterns
Counting Syllable Exercises
Compound Beat Level

For the 6/2, 6/4, 6/8, 6/16, 6/32 Compound Beat level measures on pp. 42-49, use the **Lateral** and **Vertical** practice methods discussed on pp. 14-15:

a. Read each measure, counting "1 2 3   4 5 6" sequentially

b. Read each measure, counting " 1 + uh   2 + uh" sequentially

Note: All measure groupings are identified using the Binary Rhythm Pattern Indexing System, introduced in The Elements of Rhythm Volume I. *This categorizing system helps organize the complete list of building block rhythm patterns.*

The numbers beneath the last vertical group of each measure indicate the Event Point Level at which the rhythm pattern occurs and the sequence in which it is generated.

For more information, please refer to The Elements of Rhythm Volume I, *page 30.*

Level 6 Event Point Patterns
Compound Beat Level

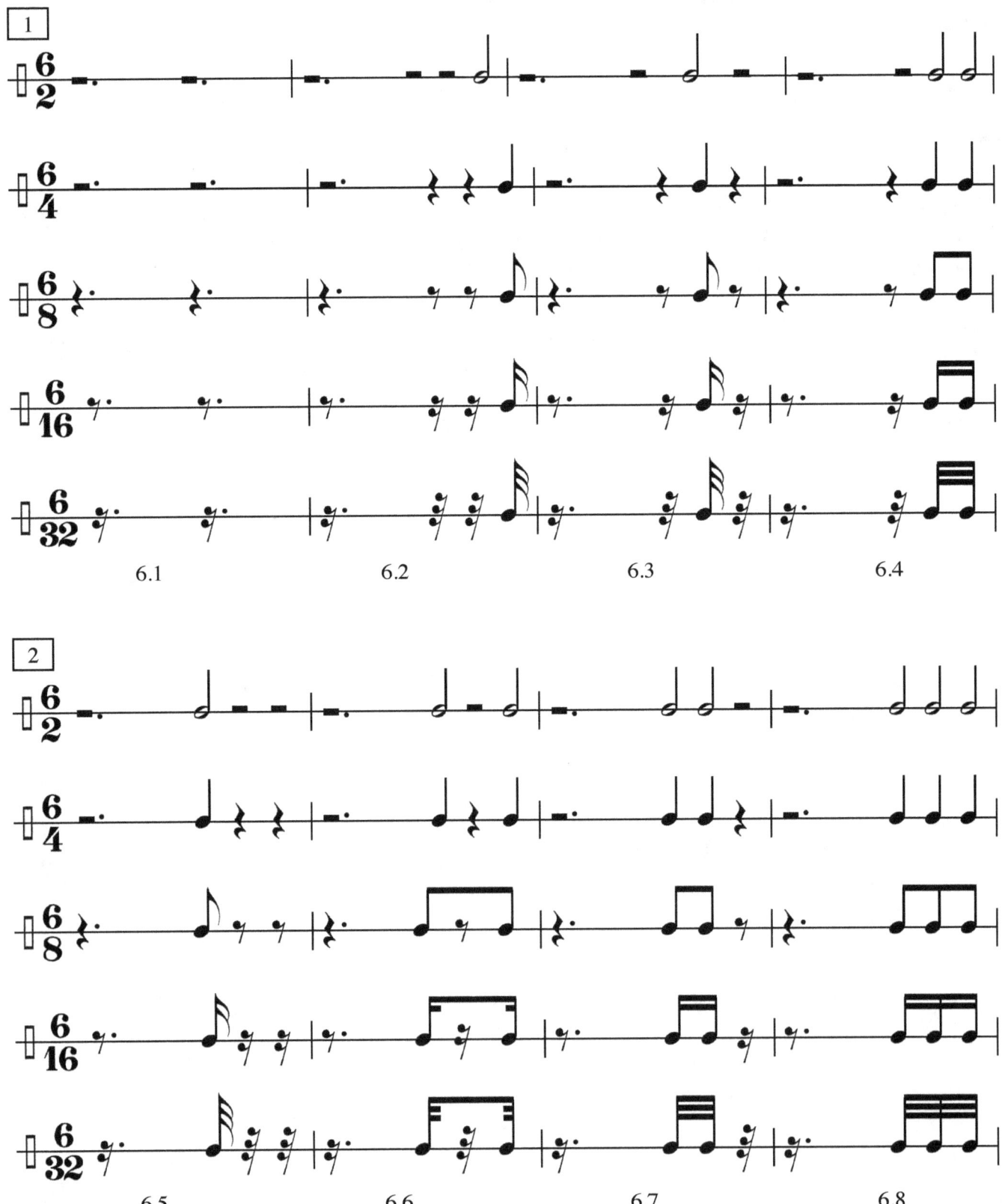

Level 6 Event Point Patterns (cont'd)
Compound Beat Level

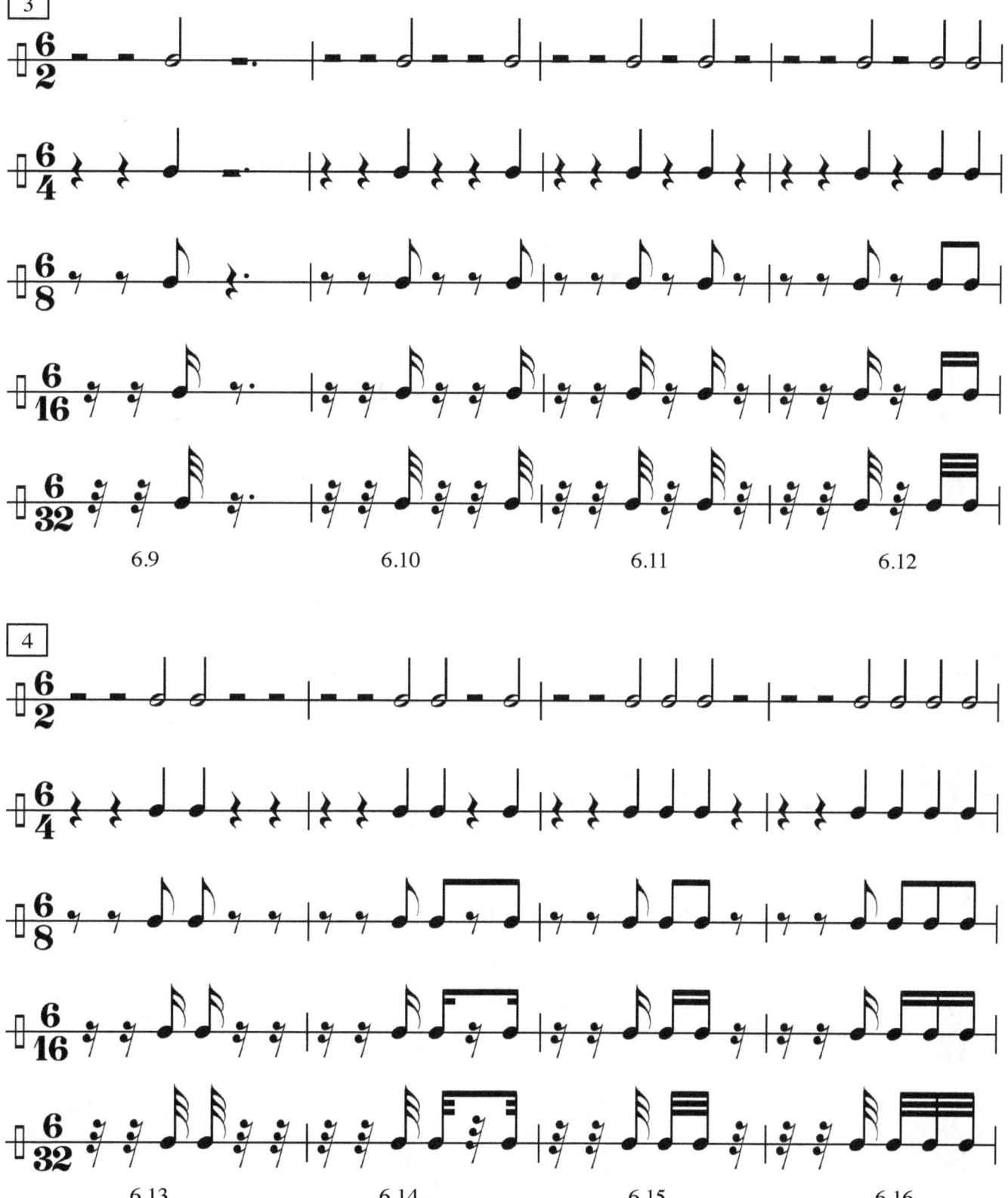

Level 6 Event Point Patterns (cont'd)
Compound Beat Level

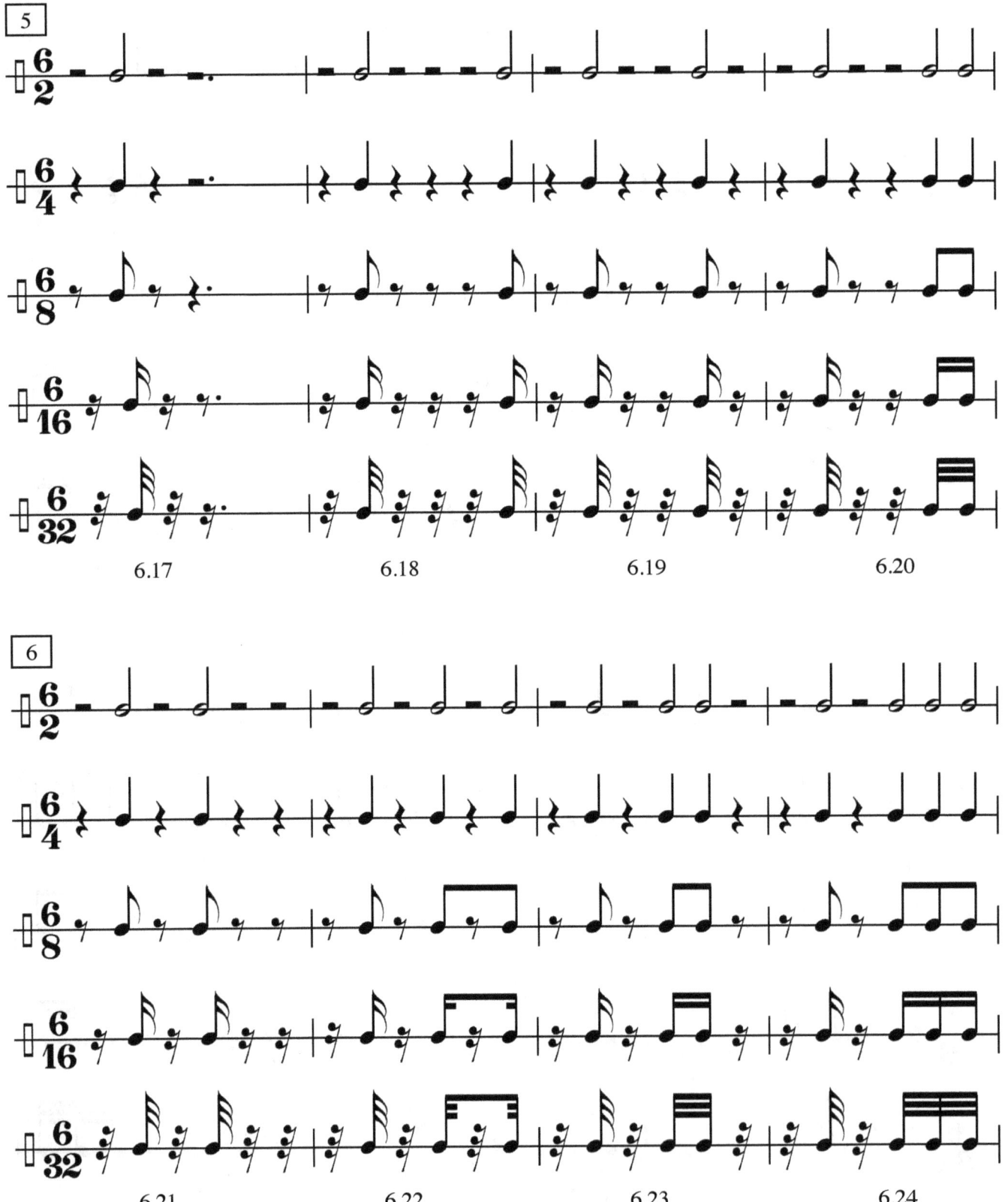

Level 6 Event Point Patterns (cont'd)
Compound Beat Level

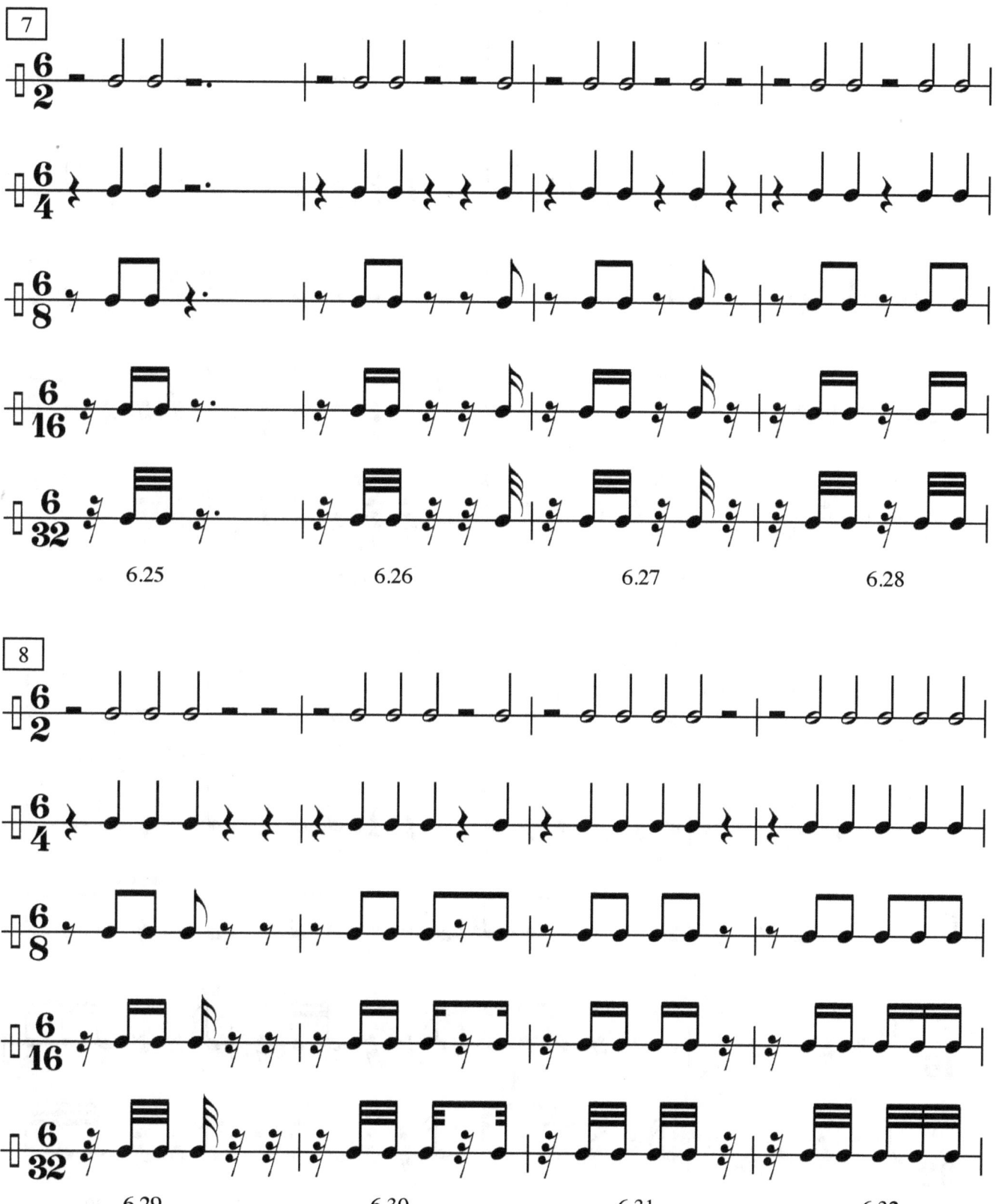

Level 6 Event Point Patterns (cont'd)
Compound Beat Level

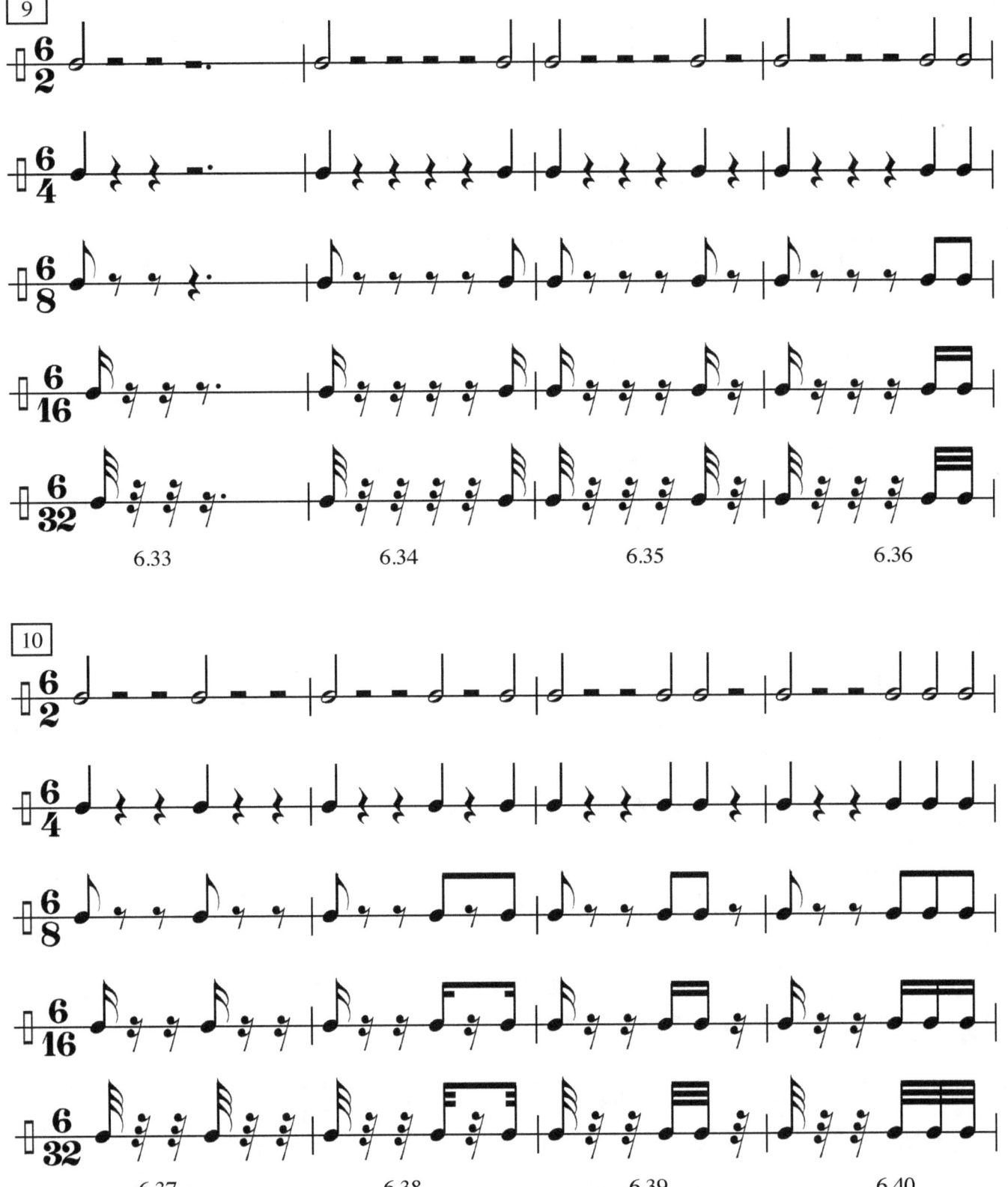

Level 6 Event Point Patterns (cont'd)
Compound Beat Level

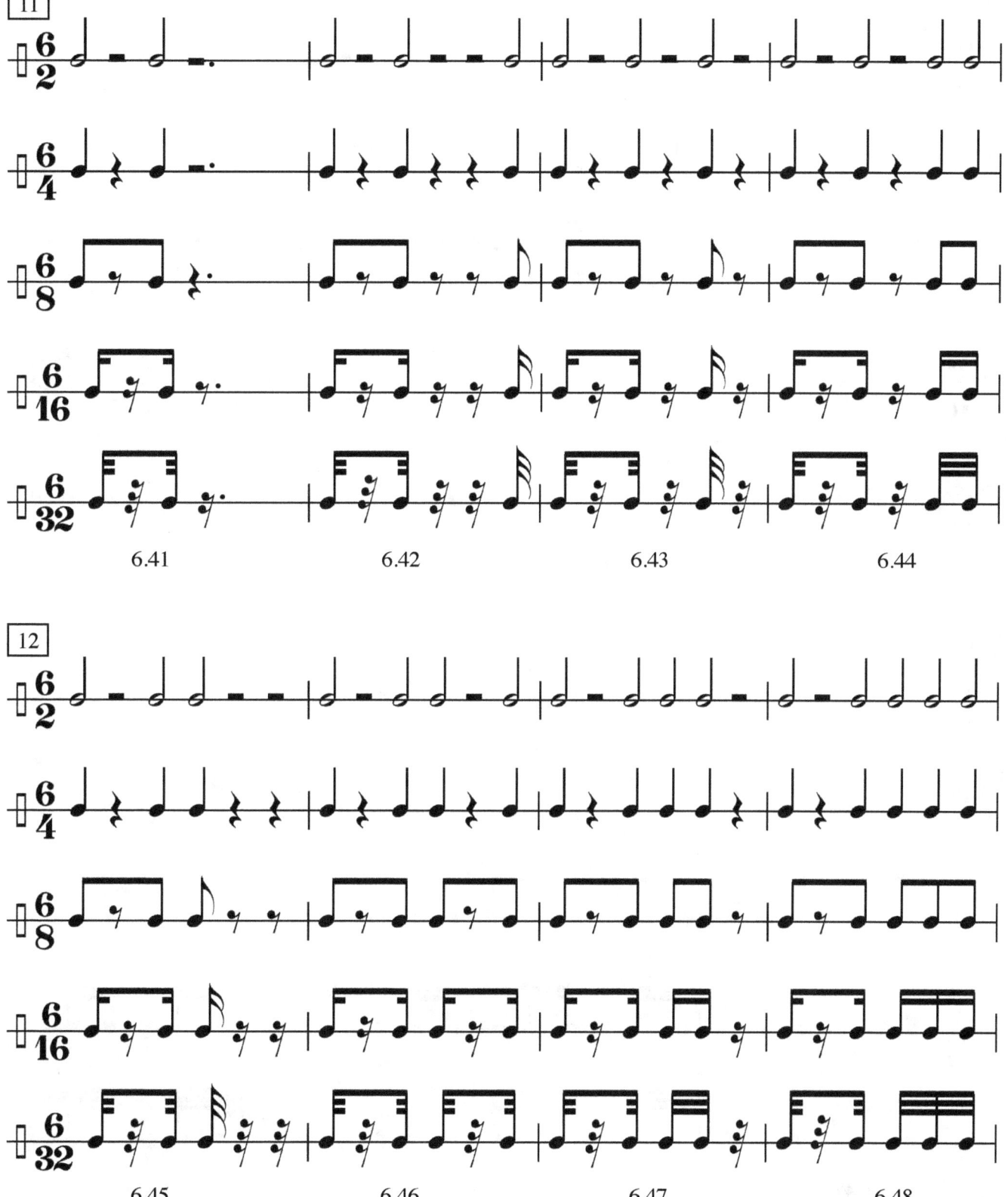

Level 6 Event Point Patterns (cont'd)
Compound Beat Level

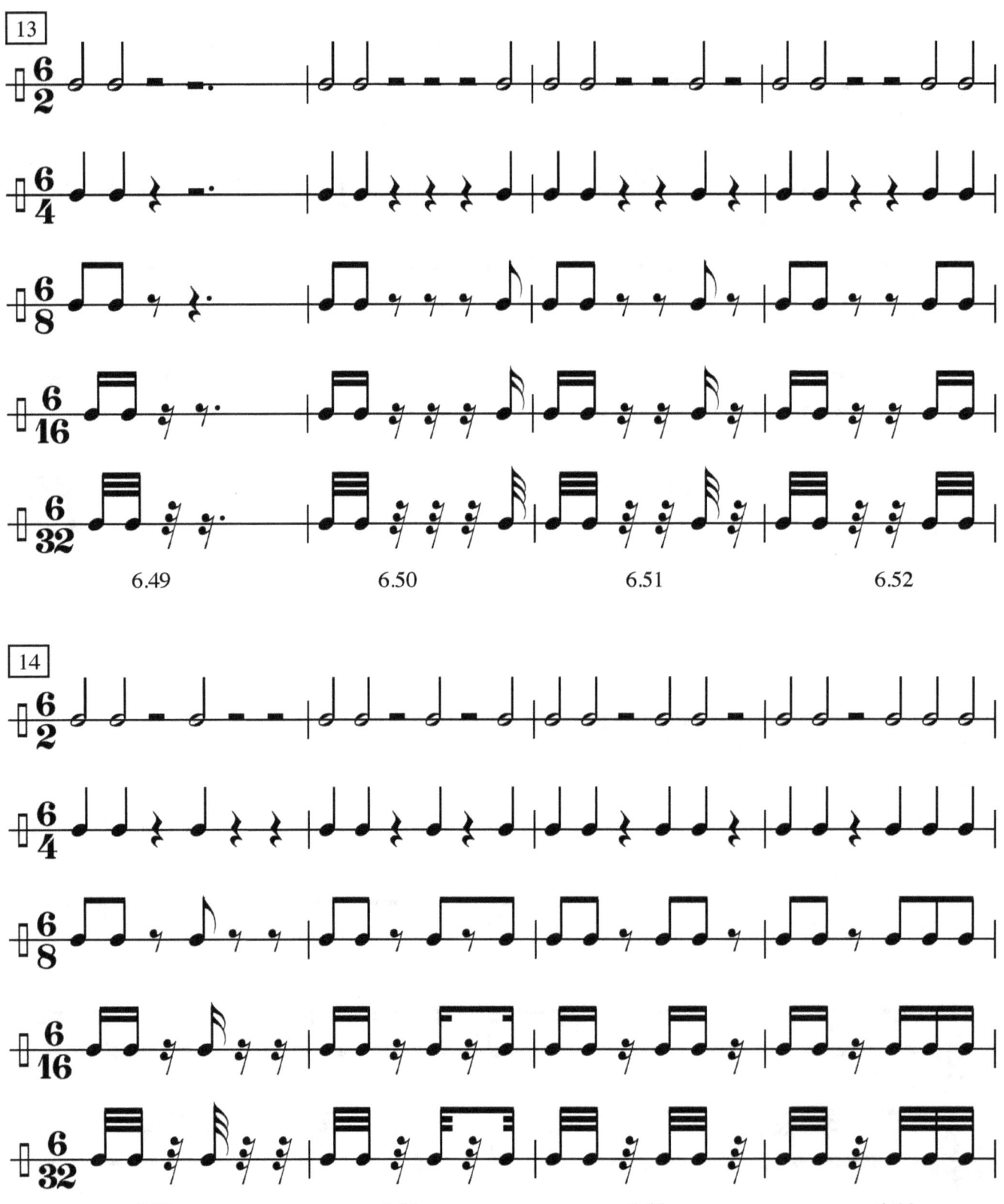

Level 6 Event Point Patterns (cont'd)
Compound Beat Level

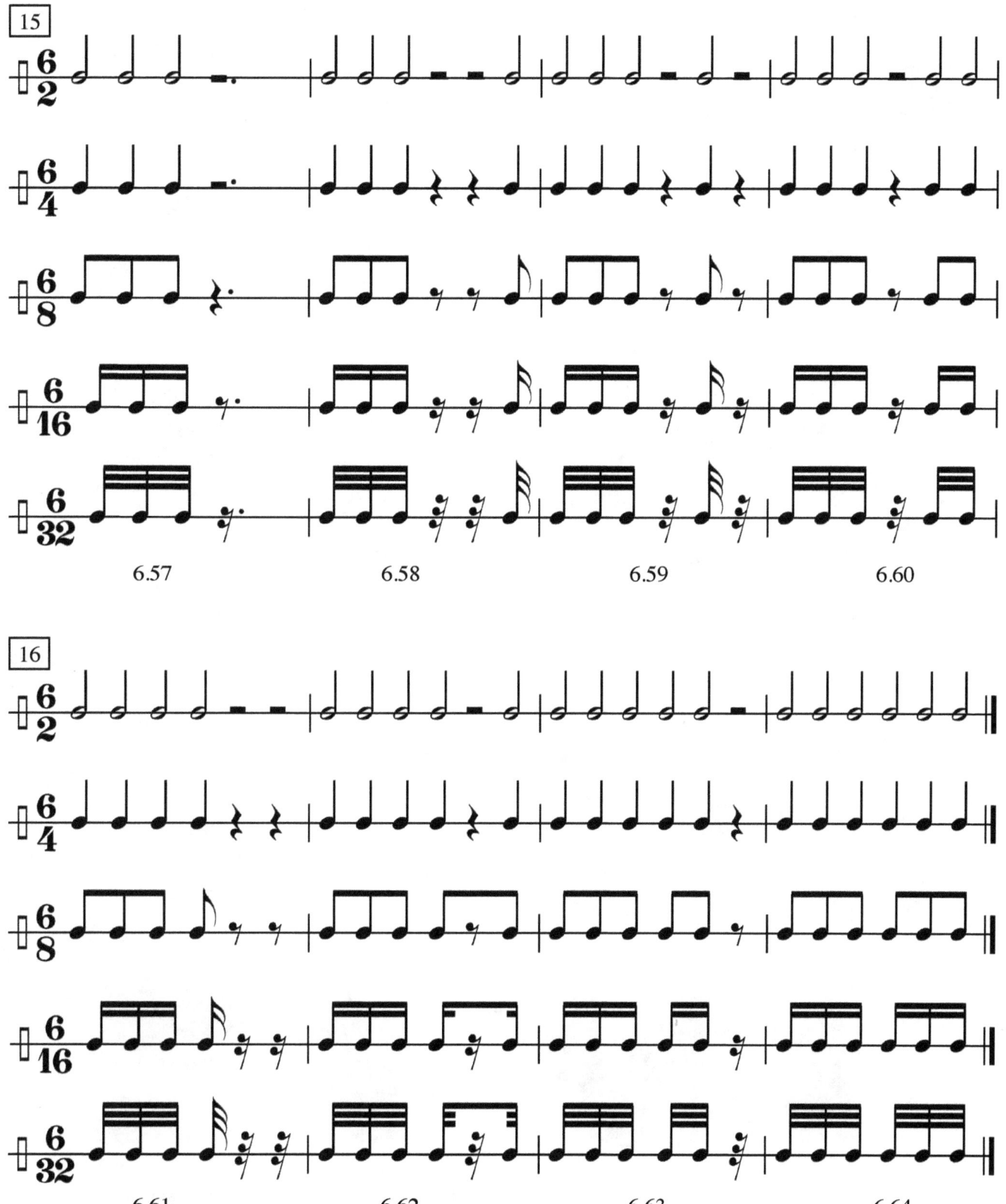

(this page intentionally left blank)

Level 6 Event Point Patterns
Simple Beat Division Level

In this section, we will:

- count and play the fundamental rest/note pattern possibilities for Event Point Level 6 at the Simple Beat Division level

The patterns will occur in the following metric contexts:

- 3/2
- 3/4
- 3/8
- 3/16
- 3/32

We'll be using five different beat note values, but the patterns in each metric context will occur at exactly the same tempo and will be counted with identical syllables.

Level 6 Event Point Patterns
Counting Syllable Tables
Simple Beat Division Level

Music teachers and self-study musicians can use the Counting Syllable Tables on page 53 to teach and study the absolute Simple Beat Division sound shapes for Event Point Level 6. These tables are especially useful for young and beginning readers.

The **bolded/underlined** syllables are sounded, while the others remain silent. The sounded syllables may be clapped, tapped or counted aloud.

Each group of syllables are numbered, and they match the corresponding numbered multi-stave measures on pp. 56-63. When playing these music notation patterns, count them as described on p. 55.

The counting syllables are not difficult to perform, but if you want to make them more interesting, **visualize** the notation associated with them. Use half, quarter, eighth, sixteenth and thirty-second notes as the beat note values. Even if you do this for only a few examples, you will be strengthening an aspect of musicality not often explored.

Level 6 Event Point Patterns
Counting Syllables (Simple Beat Division Level)

[1]	1 + 2 + 3 +	1 + 2 + 3 **+**	1 + 2 + **3** +	1 + 2 + **3 +**
[2]	1 + 2 **+** 3 +	1 + 2 **+** 3 **+**	1 + 2 **+ 3** +	1 + 2 **+ 3 +**
[3]	1 + **2** + 3 +	1 + **2** + 3 **+**	1 + **2** + **3** +	1 + **2** + **3 +**
[4]	1 + **2 +** 3 +	1 + **2 +** 3 **+**	1 + **2 + 3** +	1 + **2 + 3 +**
[5]	1 **+** 2 + 3 +	1 **+** 2 + 3 **+**	1 **+** 2 + **3** +	1 **+** 2 + **3 +**
[6]	1 **+** 2 **+** 3 +	1 **+** 2 **+** 3 **+**	1 **+** 2 **+ 3** +	1 **+** 2 **+ 3 +**
[7]	1 **+ 2** + 3 +	1 **+ 2** + 3 **+**	1 **+ 2** + **3** +	1 **+ 2** + **3 +**
[8]	1 **+ 2 +** 3 +	1 **+ 2 +** 3 **+**	1 **+ 2 + 3** +	1 **+ 2 + 3 +**
[9]	**1** + 2 + 3 +	**1** + 2 + 3 **+**	**1** + 2 + **3** +	**1** + 2 + **3 +**
[10]	**1** + 2 **+** 3 +	**1** + 2 **+** 3 **+**	**1** + 2 **+ 3** +	**1** + 2 **+ 3 +**
[11]	**1** + **2** + 3 +	**1** + **2** + 3 **+**	**1** + **2** + **3** +	**1** + **2** + **3 +**
[12]	**1** + **2 +** 3 +	**1** + **2 +** 3 **+**	**1** + **2 + 3** +	**1** + **2 + 3 +**
[13]	**1 +** 2 + 3 +	**1 +** 2 + 3 **+**	**1 +** 2 + **3** +	**1 +** 2 + **3 +**
[14]	**1 +** 2 **+** 3 +	**1 +** 2 **+** 3 **+**	**1 +** 2 **+ 3** +	**1 +** 2 **+ 3 +**
[15]	**1 + 2** + 3 +	**1 + 2** + 3 **+**	**1 + 2** + **3** +	**1 + 2** + **3 +**
[16]	**1 + 2 +** 3 +	**1 + 2 +** 3 **+**	**1 + 2 + 3** +	**1 + 2 + 3 +**

(this page intentionally left blank)

Level 6 Event Point Patterns
Counting Syllable Exercises
Simple Beat Division Level

For the 3/2, 3/4, 3/8, 3/16, 3/32 Simple Beat Division level measures on pp. 56-63, use the **Lateral** and **Vertical** practice methods discussed on pp. 14-15:

   a. Read each measure, counting " 1 + 2 + 3 +"

Note: All measure groupings are identified using the Binary Rhythm Pattern Indexing System, introduced in The Elements of Rhythm Volume I. *This categorizing system helps organize the complete list of building block rhythm patterns.*

The numbers beneath the last vertical group of each measure indicate the Event Point Level at which the rhythm pattern occurs and the sequence in which it is generated.

For more information, please refer to The Elements of Rhythm Volume I, *page 30.*

Level 6 Event Point Patterns
Simple Beat Division Level

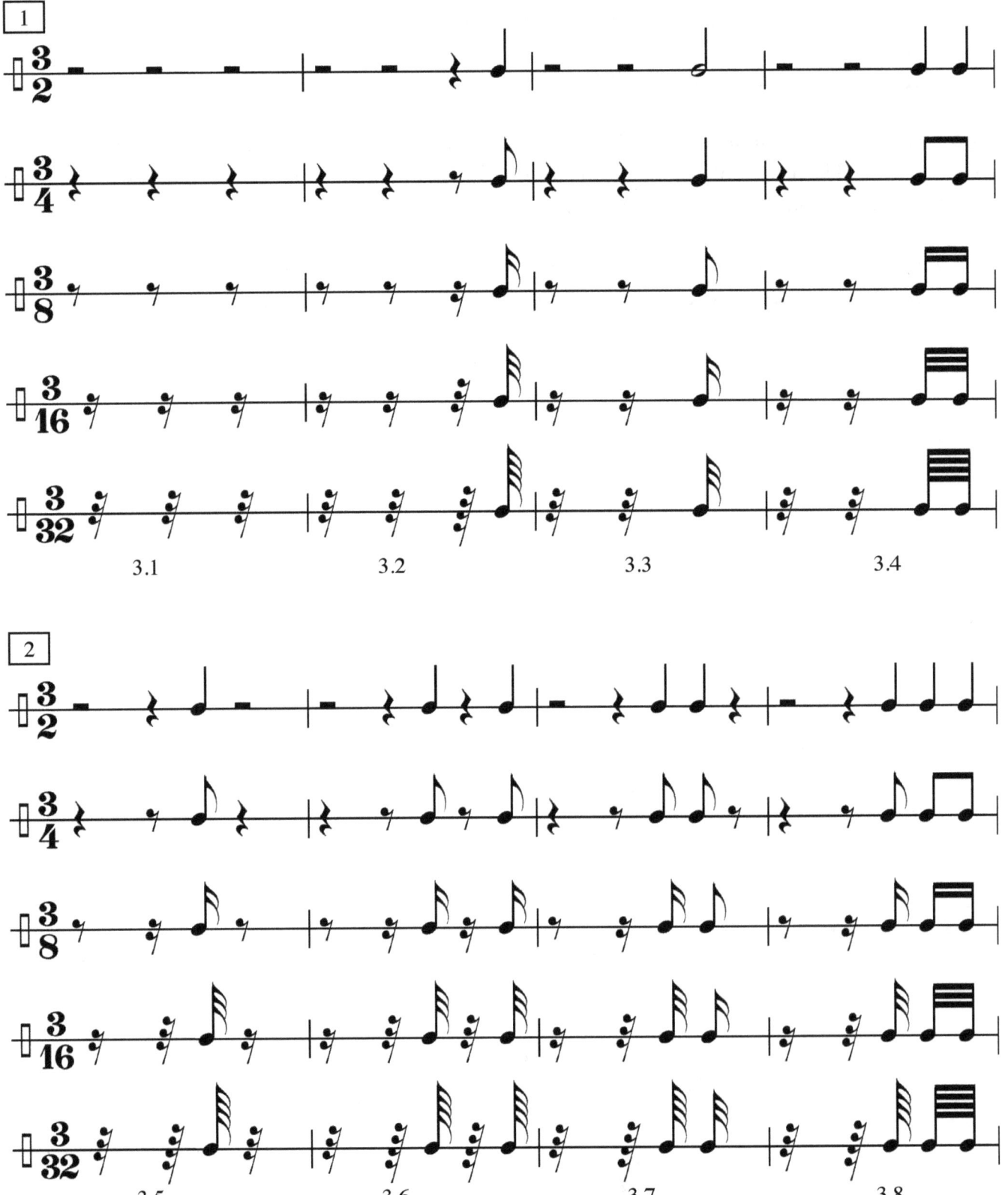

Level 6 Event Point Patterns (cont'd)
Simple Beat Division Level

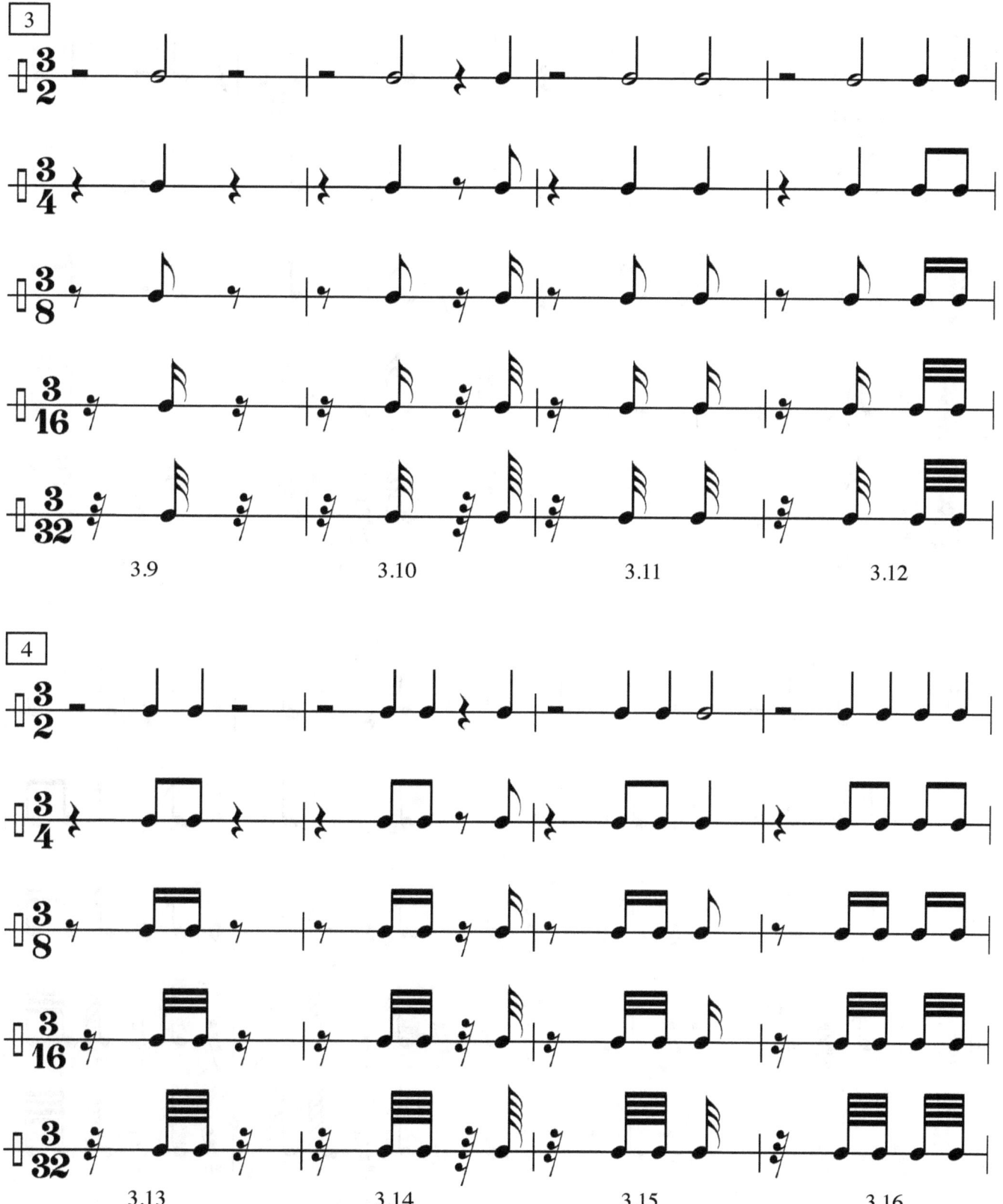

Level 6 Event Point Patterns (cont'd)
Simple Beat Division Level

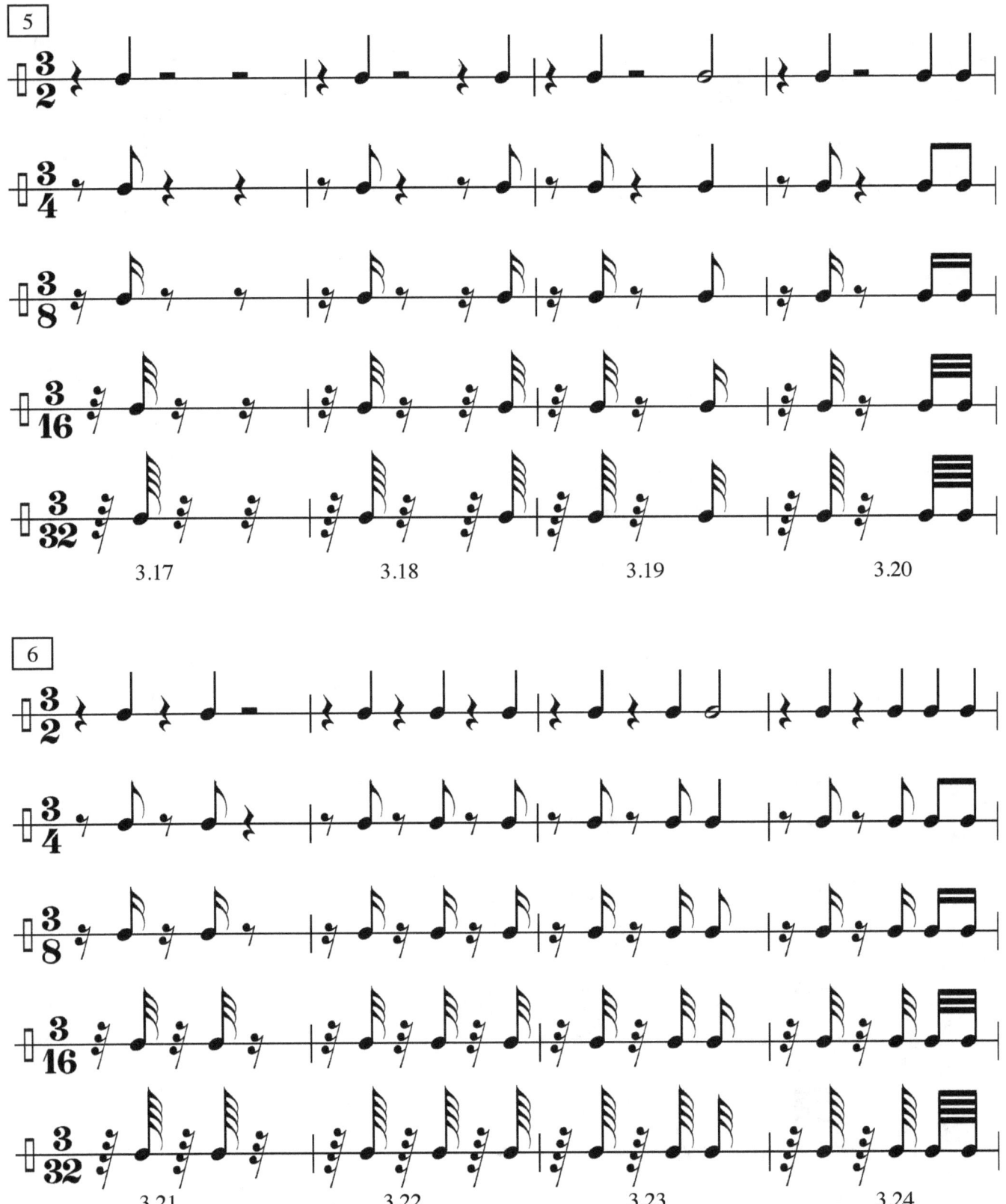

Level 6 Event Point Patterns (cont'd)
Simple Beat Division Level

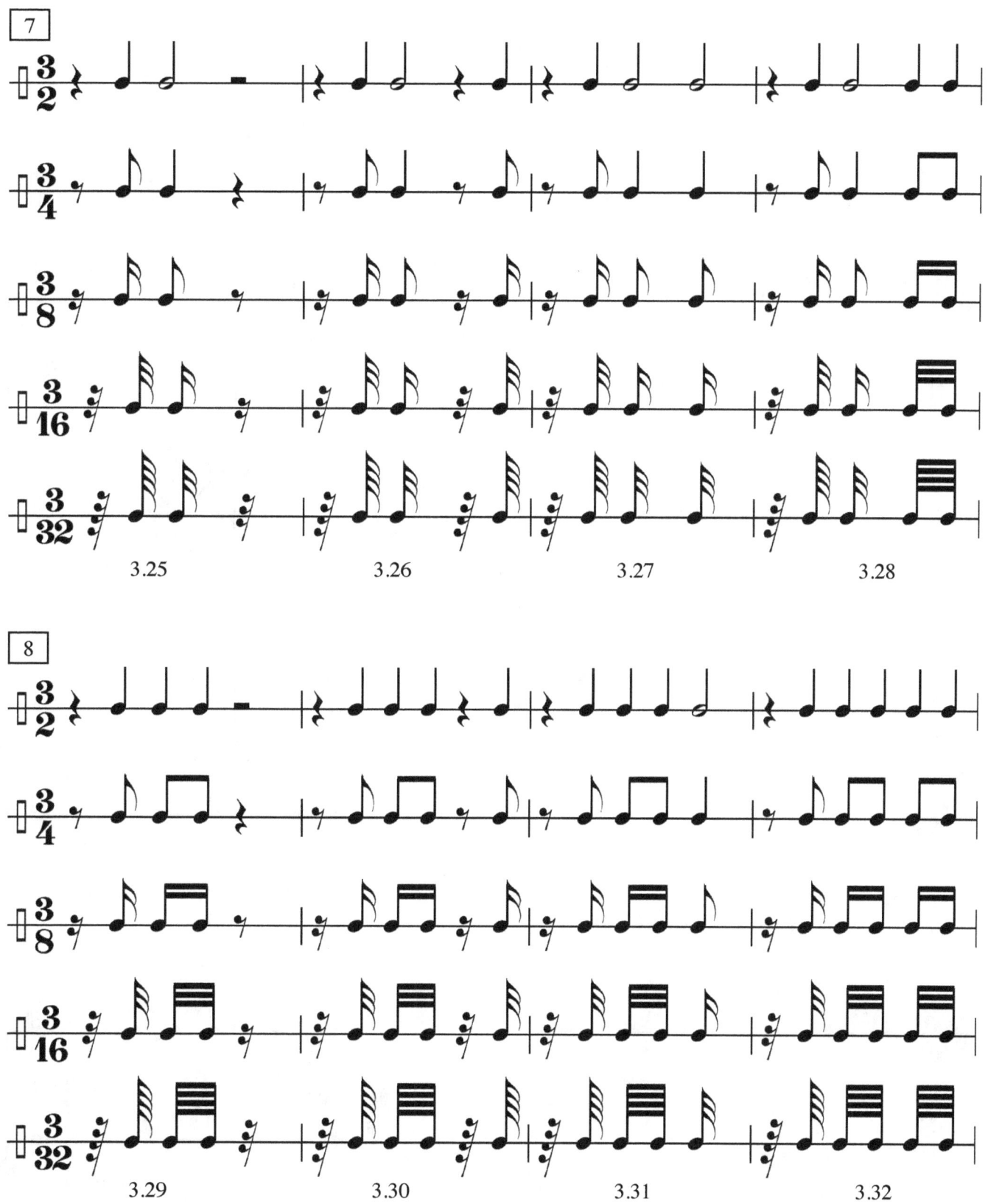

Level 6 Event Point Patterns (cont'd)
Simple Beat Division Level

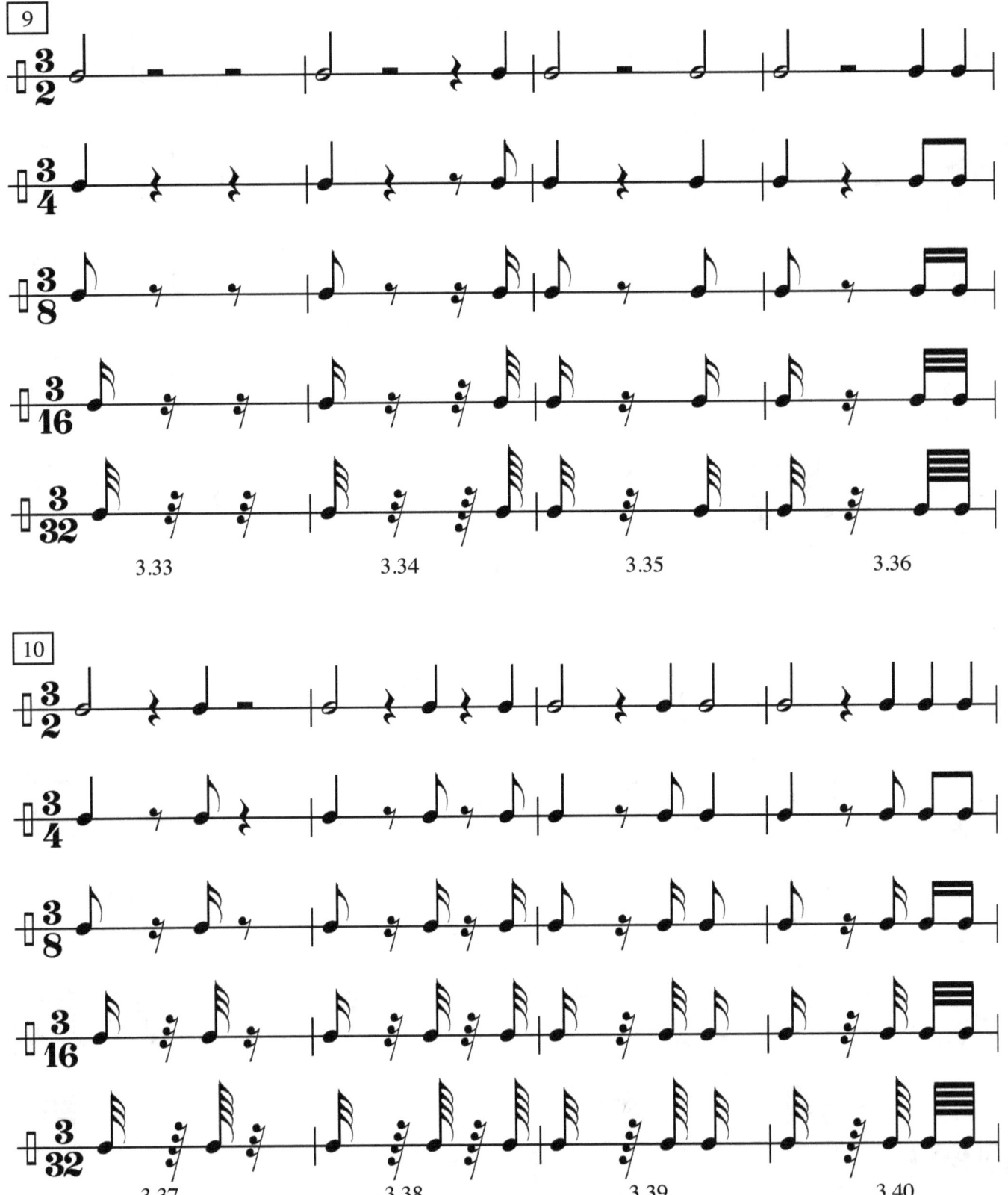

Level 6 Event Point Patterns (cont'd)
Simple Beat Division Level

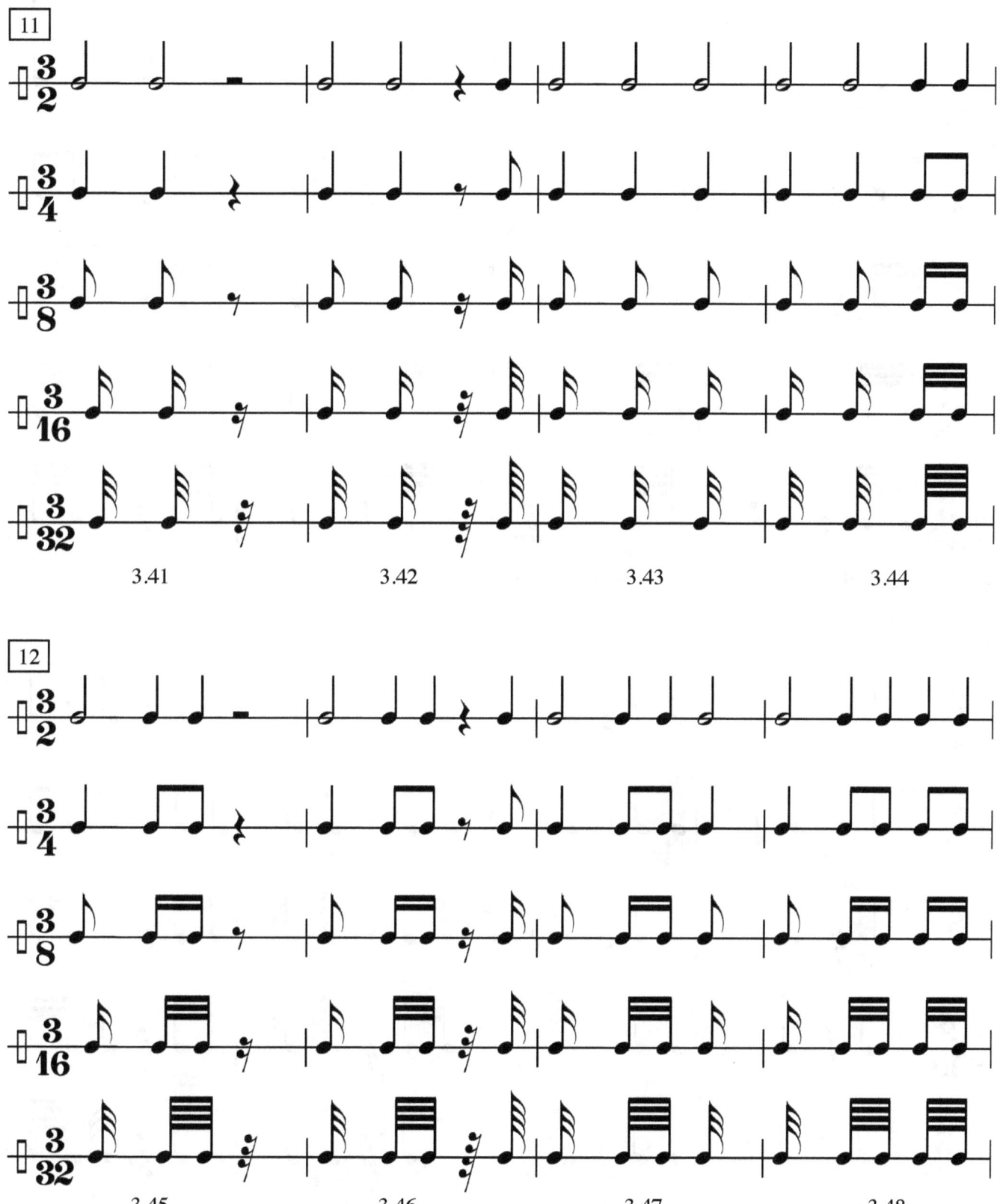

Level 6 Event Point Patterns (cont'd)
Simple Beat Division Level

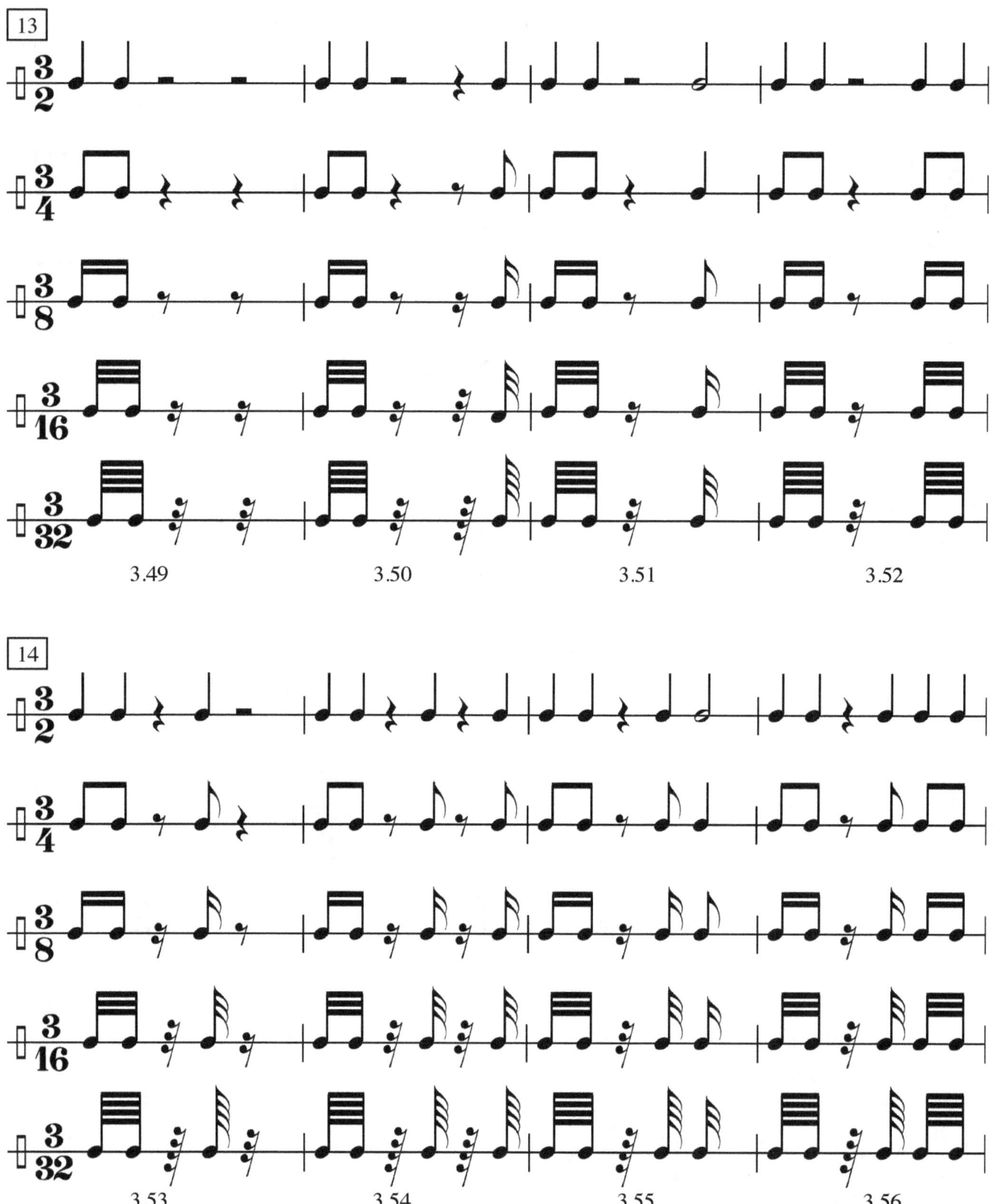

Level 6 Event Point Patterns (cont'd)
Simple Beat Division Level

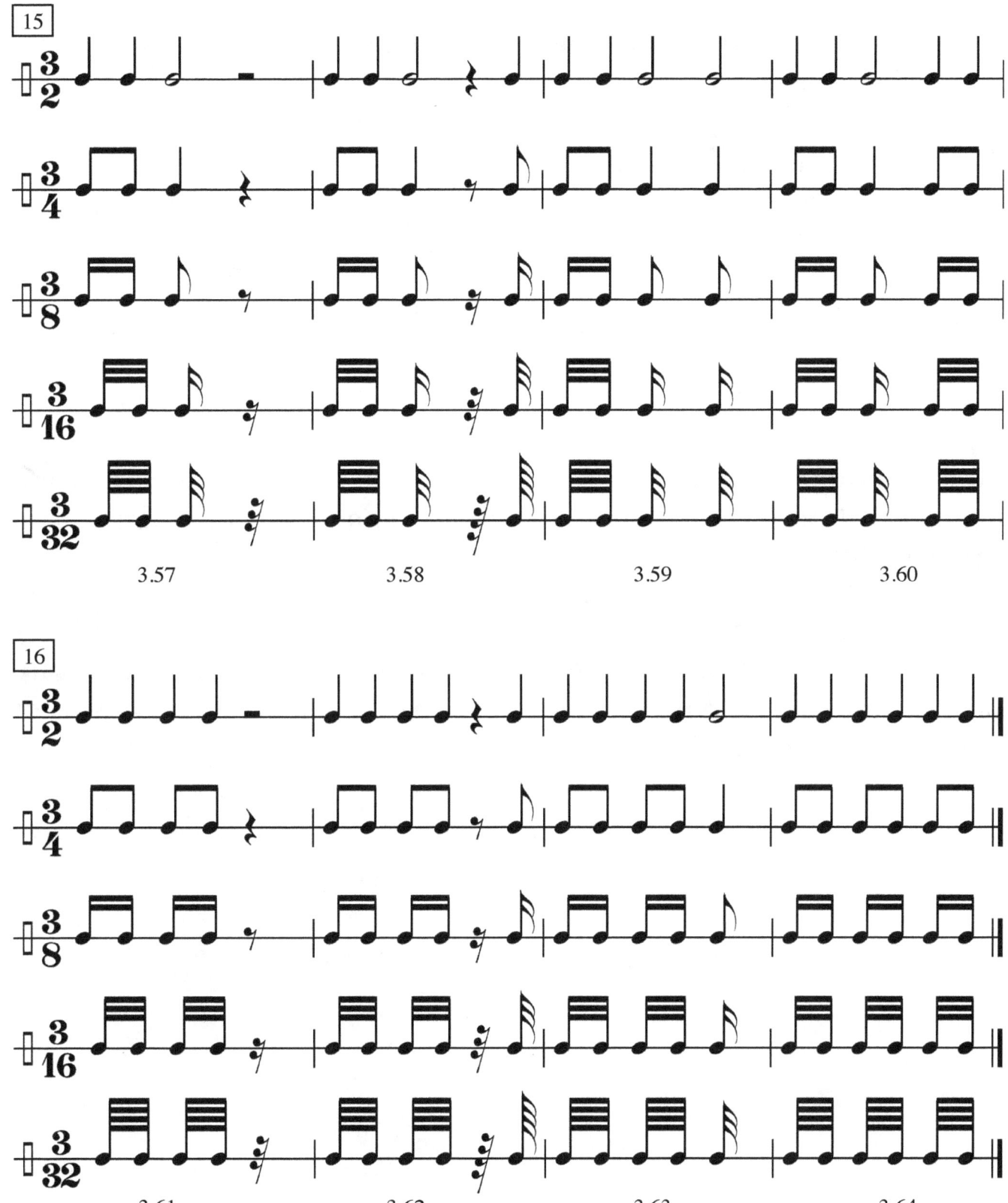

Level 7 Event Point Patterns

In this section, we will:

- count and play the fundamental rest/note pattern possibilities for Event Point Level 7

The patterns will occur in the following metric contexts:

- 7/2
- 7/4
- 7/8
- 7/16
- 7/32

We'll be using five different beat note values, but the patterns in each metric context will occur at exactly the same tempo and will be counted with identical syllables.

Note: In *The Elements of Rhythm Volume I*, the Level 7 event point patterns are presented with dotted rests in the music measure format. We are presenting them here **without** dotted rests to offer a more literal version of the patterns.

Level 7 Event Point Patterns
Counting Syllable Tables

Music teachers and self-study musicians can use the Counting Syllable Tables on pp. 66-67 to teach and study the absolute Beat sound shapes for Event Point Level 7. These tables are especially useful for young and beginning readers.

The **bolded/underlined** syllables are sounded, while the others remain silent. The sounded syllables may be clapped, tapped or counted aloud.

Each group of syllables are numbered, and they match the corresponding numbered multi-stave measures on pp. 70-85. When playing these music notation patterns, count them as described on p. 69.

The counting syllables are not difficult to perform, but if you want to make them more interesting, **visualize** the notation associated with them. Use half, quarter, eighth, sixteenth and thirty-second notes as the beat note values. Even if you do this for only a few examples, you will be strengthening an aspect of musicality not often explored.

Level 7 Event Point Patterns
Counting Syllables

[1] 1 2 3 4 5 6 7   1 2 3 4 5 6 <u>7</u>   1 2 3 4 5 <u>6</u> 7   1 2 3 4 5 <u>6 7</u>

[2] 1 2 3 4 <u>5</u> 6 7   1 2 3 4 <u>5</u> 6 <u>7</u>   1 2 3 4 <u>5 6</u> 7   1 2 3 4 <u>5 6 7</u>

[3] 1 2 3 <u>4</u> 5 6 7   1 2 3 <u>4</u> 5 6 <u>7</u>   1 2 3 <u>4</u> 5 <u>6</u> 7   1 2 3 <u>4</u> 5 <u>6 7</u>

[4] 1 2 3 <u>4</u> 5 6 7   1 2 3 <u>4 5</u> 6 <u>7</u>   1 2 3 <u>4 5</u> 6 7   1 2 3 <u>4 5 6 7</u>

[5] 1 2 <u>3</u> 4 5 6 7   1 2 <u>3</u> 4 5 6 <u>7</u>   1 2 <u>3</u> 4 5 <u>6</u> 7   1 2 <u>3</u> 4 5 <u>6 7</u>

[6] 1 2 <u>3</u> <u>4</u> 5 6 7   1 2 <u>3</u> <u>4</u> 5 6 <u>7</u>   1 2 <u>3 4</u> 5 <u>6</u> 7   1 2 <u>3 4</u> 5 <u>6 7</u>

[7] 1 2 <u>3 4</u> 5 6 7   1 2 <u>3 4</u> 5 6 <u>7</u>   1 2 <u>3 4</u> 5 <u>6</u> 7   1 2 <u>3 4</u> 5 <u>6 7</u>

[8] 1 2 <u>3 4 5</u> 6 7   1 2 <u>3 4 5</u> 6 <u>7</u>   1 2 <u>3 4 5</u> 6 7   1 2 <u>3 4 5 6 7</u>

[9] 1 <u>2</u> 3 4 5 6 7   1 <u>2</u> 3 4 5 6 <u>7</u>   1 <u>2</u> 3 4 5 <u>6</u> 7   1 <u>2</u> 3 4 5 <u>6 7</u>

[10] 1 <u>2</u> 3 4 <u>5</u> 6 7   1 <u>2</u> 3 4 <u>5</u> 6 <u>7</u>   1 <u>2</u> 3 4 <u>5 6</u> 7   1 <u>2</u> 3 4 <u>5 6 7</u>

[11] 1 <u>2</u> 3 <u>4</u> 5 6 7   1 <u>2</u> 3 <u>4</u> 5 6 <u>7</u>   1 <u>2</u> 3 <u>4</u> 5 <u>6</u> 7   1 <u>2</u> 3 <u>4</u> 5 <u>6 7</u>

[12] 1 <u>2</u> 3 <u>4 5</u> 6 7   1 <u>2</u> 3 <u>4 5</u> 6 <u>7</u>   1 <u>2</u> 3 <u>4 5</u> 6 7   1 <u>2</u> 3 <u>4 5 6 7</u>

[13] 1 <u>2 3</u> 4 5 6 7   1 <u>2 3</u> 4 5 6 <u>7</u>   1 <u>2 3</u> 4 5 <u>6</u> 7   1 <u>2 3</u> 4 5 <u>6 7</u>

[14] 1 <u>2 3</u> 4 <u>5</u> 6 7   1 <u>2 3</u> 4 <u>5</u> 6 <u>7</u>   1 <u>2 3</u> 4 <u>5 6</u> 7   1 <u>2 3</u> 4 <u>5 6 7</u>

[15] 1 <u>2 3 4</u> 5 6 7   1 <u>2 3 4</u> 5 6 <u>7</u>   1 <u>2 3 4</u> 5 <u>6</u> 7   1 <u>2 3 4</u> 5 <u>6 7</u>

[16] 1 <u>2 3 4 5</u> 6 7   1 <u>2 3 4 5</u> 6 <u>7</u>   1 <u>2 3 4 5</u> 6 7   1 <u>2 3 4 5 6 7</u>

Level 7 Event Point Patterns (cont'd)
Counting Syllables

| 17 | **1**234567 | **1**23456**7** | **1**2345**6**7 | **1**2345**67** |
| 18 | **1**234**5**67 | **1**234**5**6**7** | **1**234**56**7 | **1**234**567** |

| 19 | **1**23**4**567 | **1**23**4**56**7** | **1**23**4**5**6**7 | **1**23**4**5**67** |
| 20 | **1**23**45**67 | **1**23**456**7 | **1**23**456**7 | **1**23**456**7 |

| 21 | **1**2**3**4567 | **1**2**3**456**7** | **1**2**3**45**6**7 | **1**2**3**45**67** |
| 22 | **1**2**34**567 | **1**2**345**67 | **1**2**345**67 | **1**2**345**67 |

| 23 | **1**2**34**567 | **1**2**345**67 | **1**2**345**67 | **1**2**345**67 |
| 24 | **1**2**345**67 | **1**2**345**67 | **1**2**345**67 | **1**2**345**67 |

| 25 | 1**2**34567 | 1**2**3456**7** | 1**2**345**6**7 | 1**2**345**67** |
| 26 | 1**2**34**5**67 | 1**2**34**5**6**7** | 1**2**34**56**7 | 1**2**34**567** |

| 27 | 1**2**3**4**567 | 1**2**3**4**56**7** | 1**2**3**4**5**6**7 | 1**2**3**4**5**67** |
| 28 | 1**2**3**45**67 | 1**2**3**456**7 | 1**2**3**456**7 | 1**2**3**456**7 |

| 29 | 1**23**4567 | 1**23**456**7** | 1**23**45**6**7 | 1**23**45**67** |
| 30 | 1**23**4**5**67 | 1**23**4**5**6**7** | 1**23**4**56**7 | 1**23**4**567** |

| 31 | 1**23 4**567 | 1**23 4**56**7** | 1**23 4**5**6**7 | 1**23 4**5**67** |
| 32 | 1**234 5**67 | 1**234 5**6**7** | 1**234 5 6**7 | 1**234567** |

(this page intentionally left blank)

Level 7 Event Point Patterns
Counting Syllable Exercises

Beat note patterns in 7 may be counted 1 2 3 4 5 6 7, but the measures on pp. 70-85 may also be grouped and counted 1 2, 1 2, 1 2 3 or 1 2, 1 2 3, 1 2 or 1 2 3, 1 2, 1 2.

In addition to reading the patterns **Laterally** (p. 14), reading them **Vertically** (p. 15) is of particular benefit for developing an expanded understanding of their relative polyrhythmic nature. If you can read a simple measure of 7/4, you can then progress to reading that **identical** sounding pattern in 7/8 and 7/16:

Figure 15. *Identical Sounding Pattern Written in 7/4, 7/8 and 7/16*

In doing so, you will have also been playing that pattern's polyrhythmic counterpart (and absolute sound shape) in the following measure of 3/4. The first version is expressed over beat one, followed by an identically-shaped (but slower) version expressed over beats two and three:

Figure 16. *Septuplet Polyrhythms Expressed Over One and Two Quarter Notes in 3/4*

For advanced discussion on this practice method, please refer to *The Elements of Rhythm Volume I*, "Level 7 Event Point Patterns," pp. 123-125.

Note: All measure groupings are identified using the Binary Rhythm Pattern Indexing System, introduced in The Elements of Rhythm Volume I. *This categorizing system helps organize the complete list of building block rhythm patterns.*

The numbers beneath the last vertical group of each measure indicate the Event Point Level at which the rhythm pattern occurs and the sequence in which it is generated.

For more information, please refer to The Elements of Rhythm Volume I, *page 30.*

Level 7 Event Point Patterns

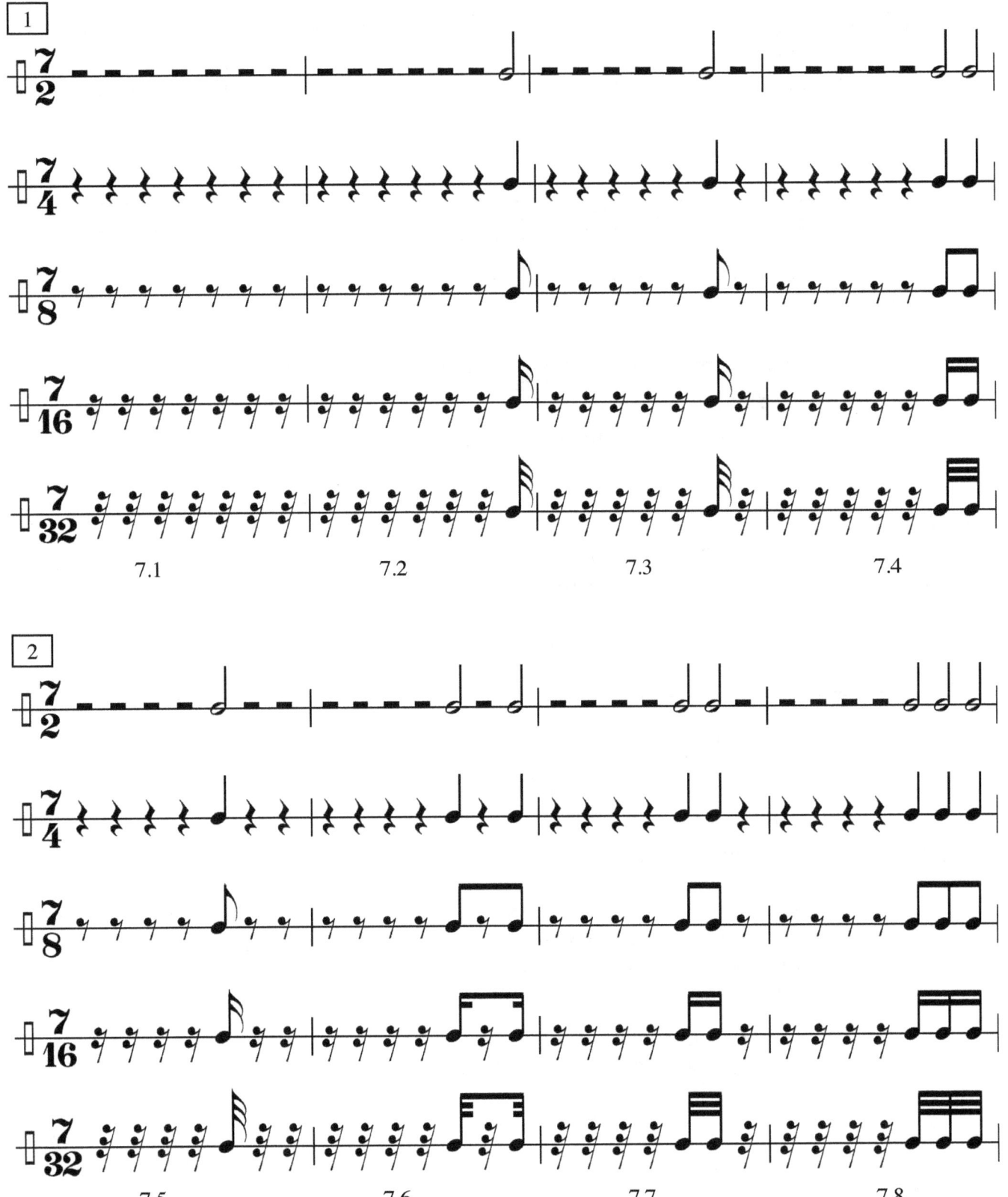

Level 7 Event Point Patterns (cont'd)

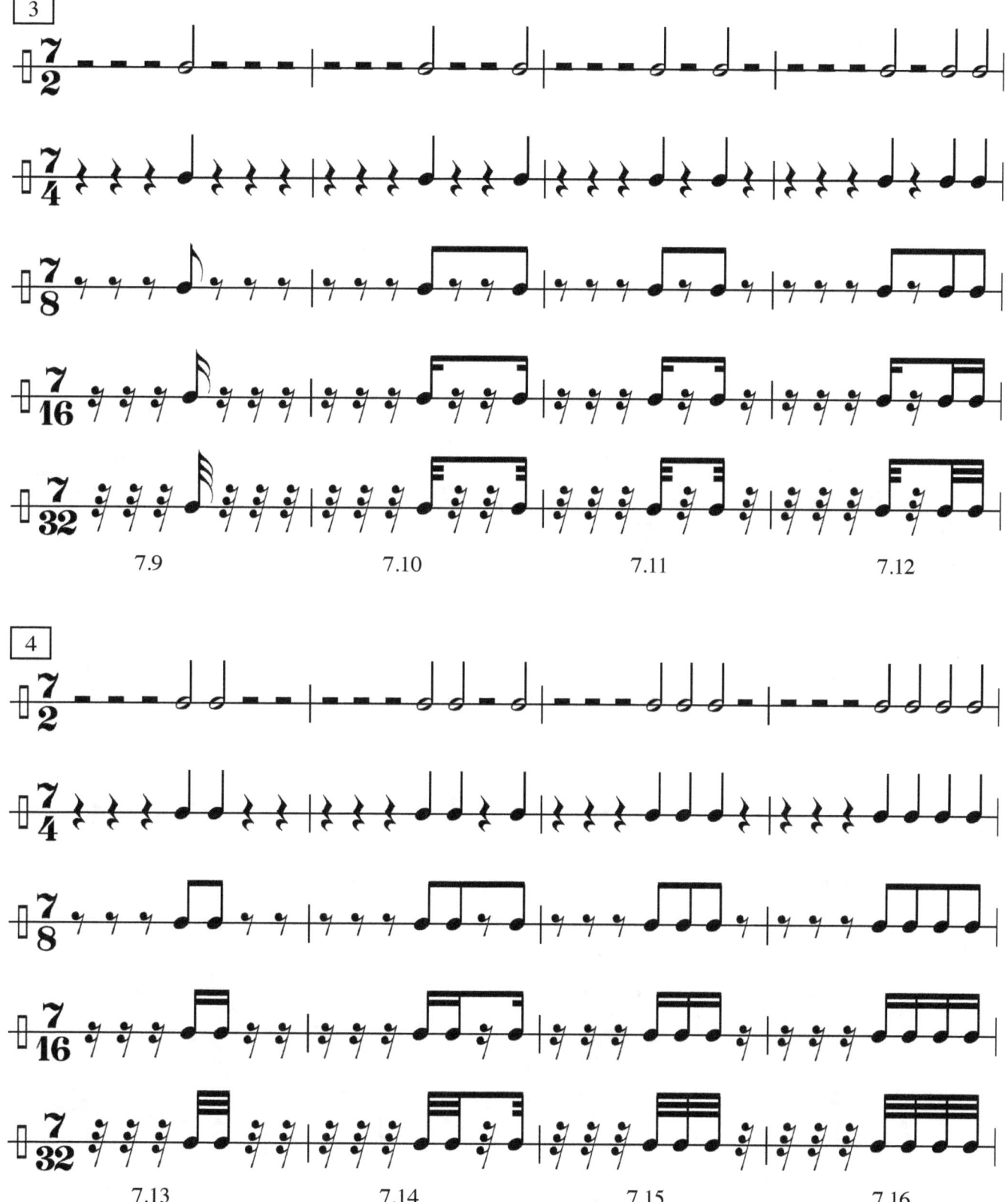

Level 7 Event Point Patterns (cont'd)

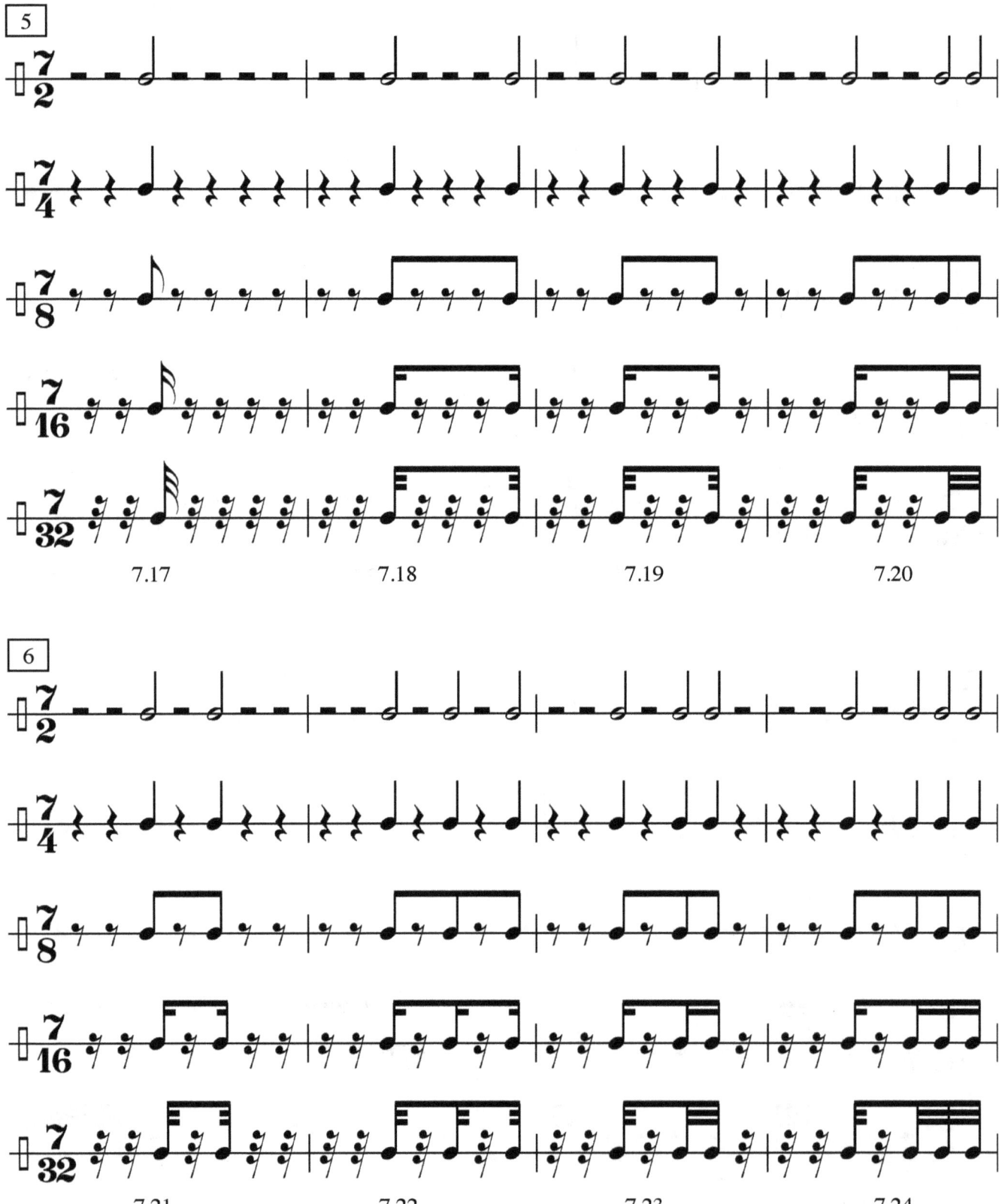

Level 7 Event Point Patterns (cont'd)

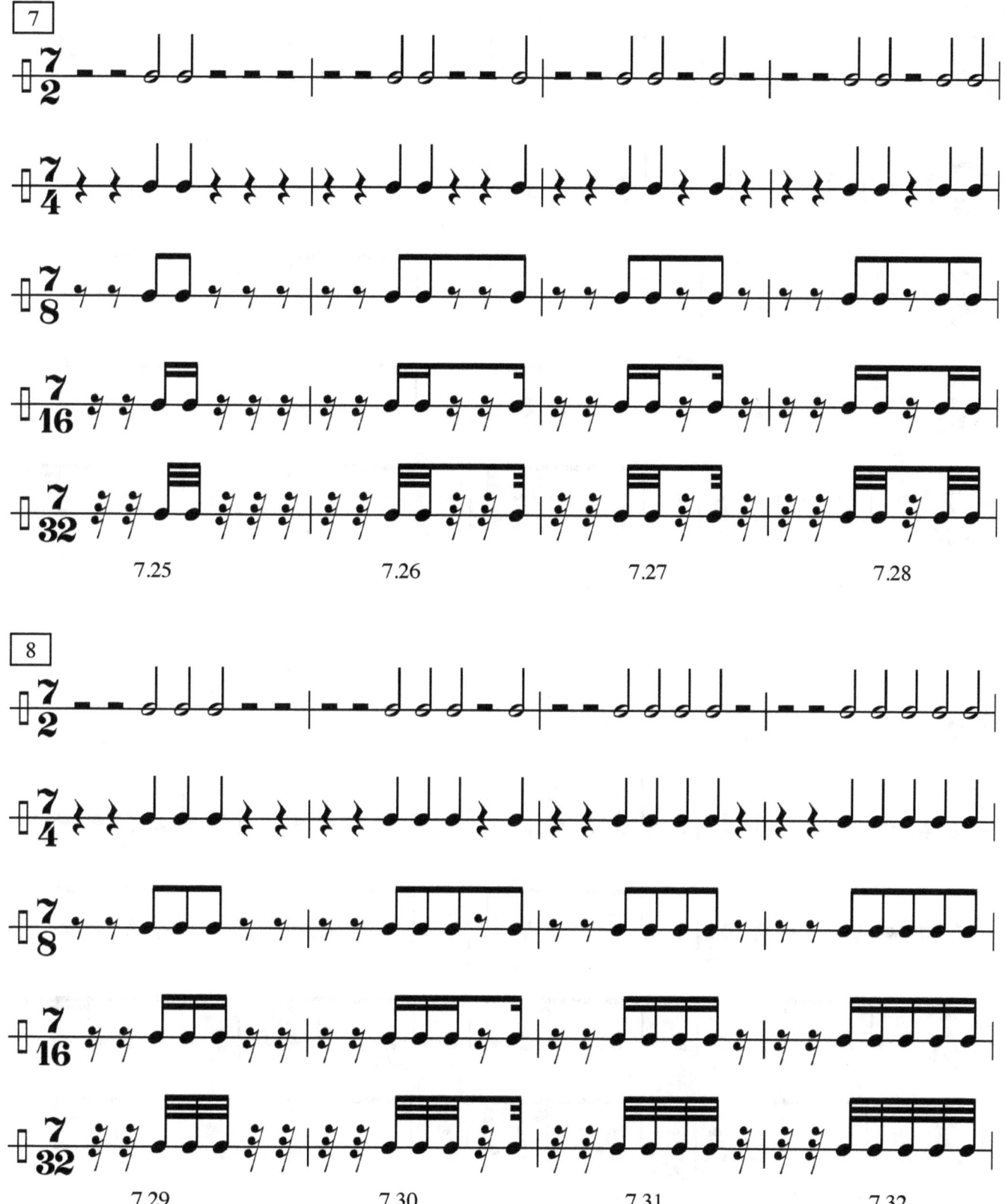

Level 7 Event Point Patterns (cont'd)

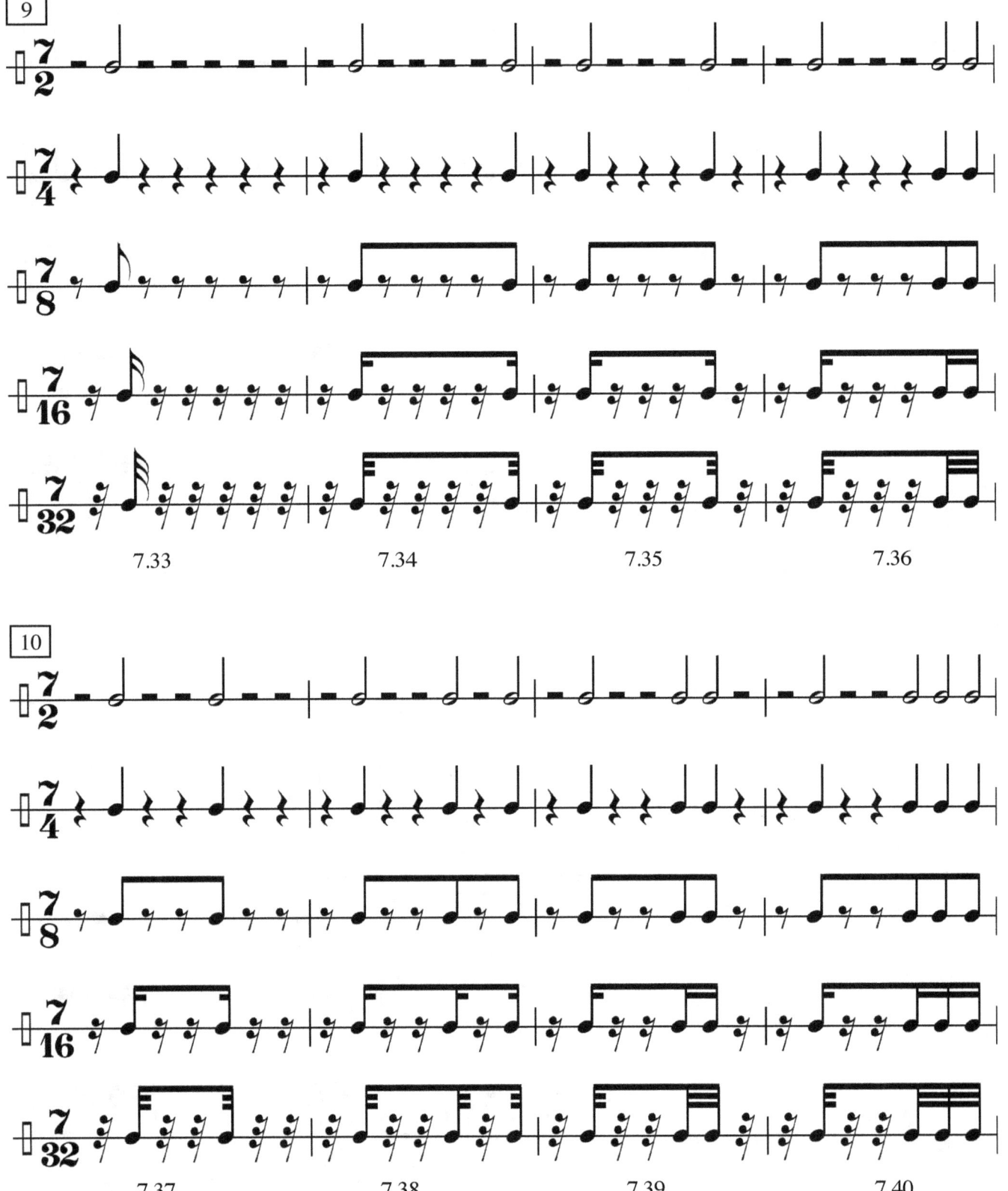

Level 7 Event Point Patterns (cont'd)

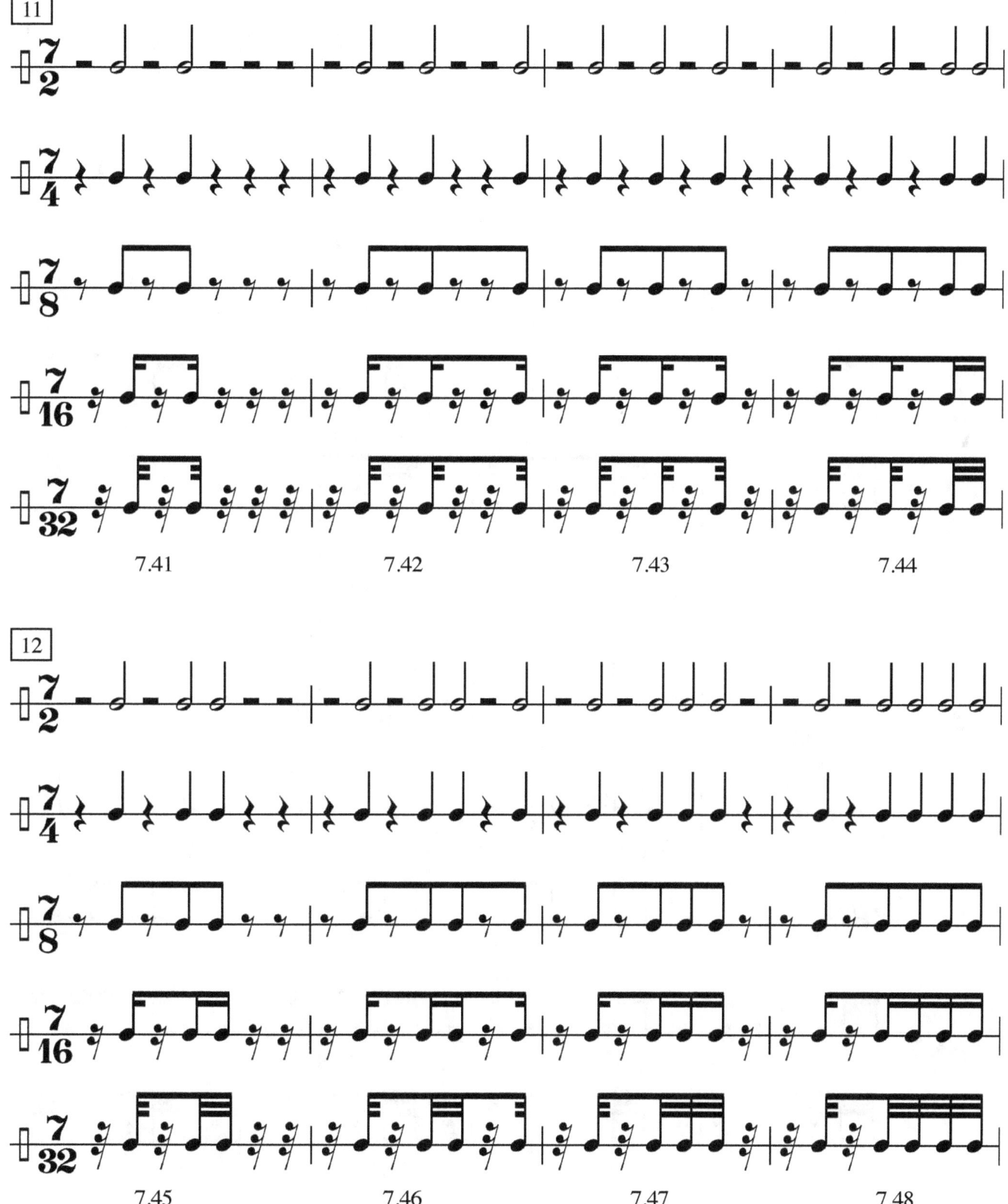

Level 7 Event Point Patterns (cont'd)

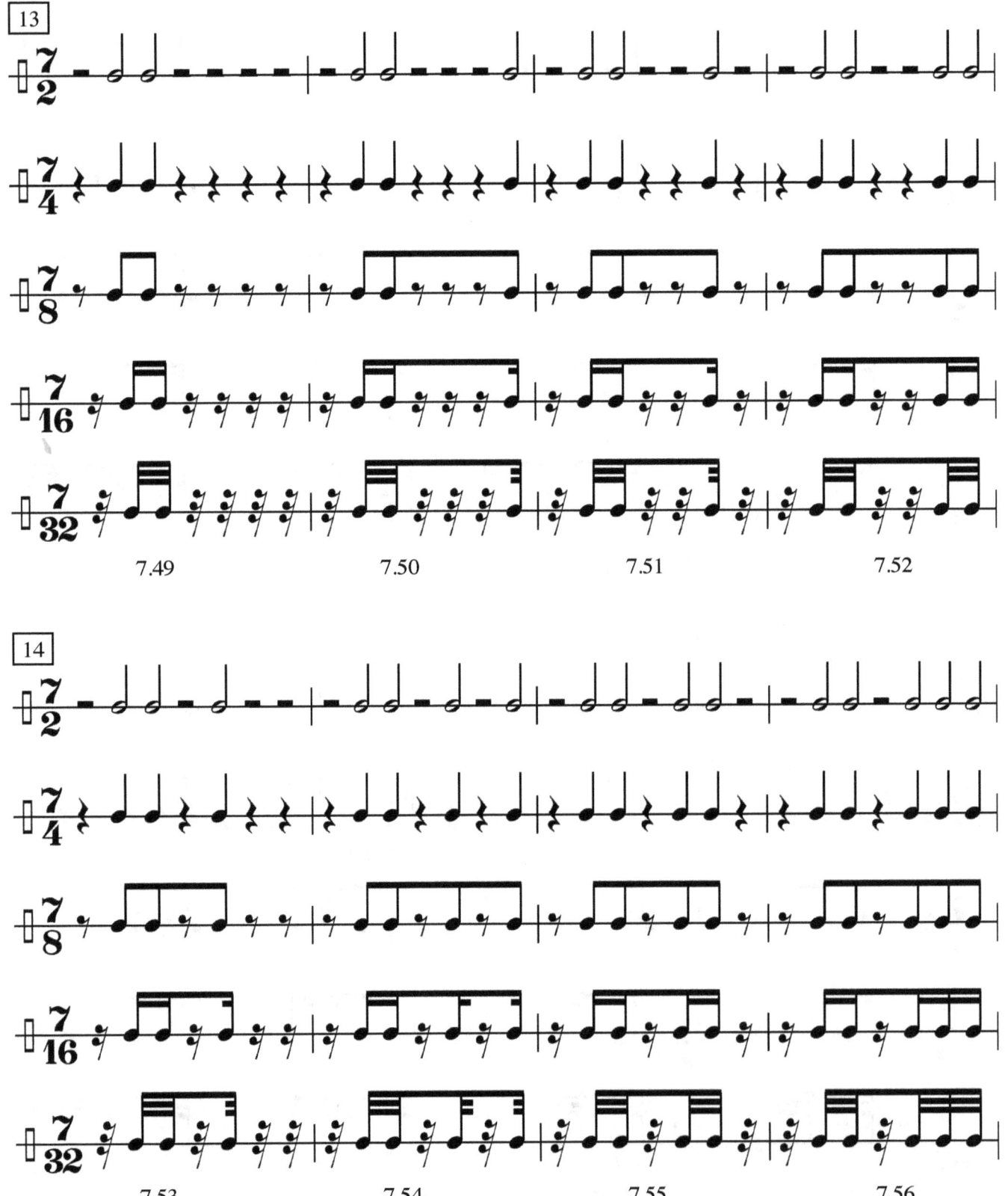

Level 7 Event Point Patterns (cont'd)

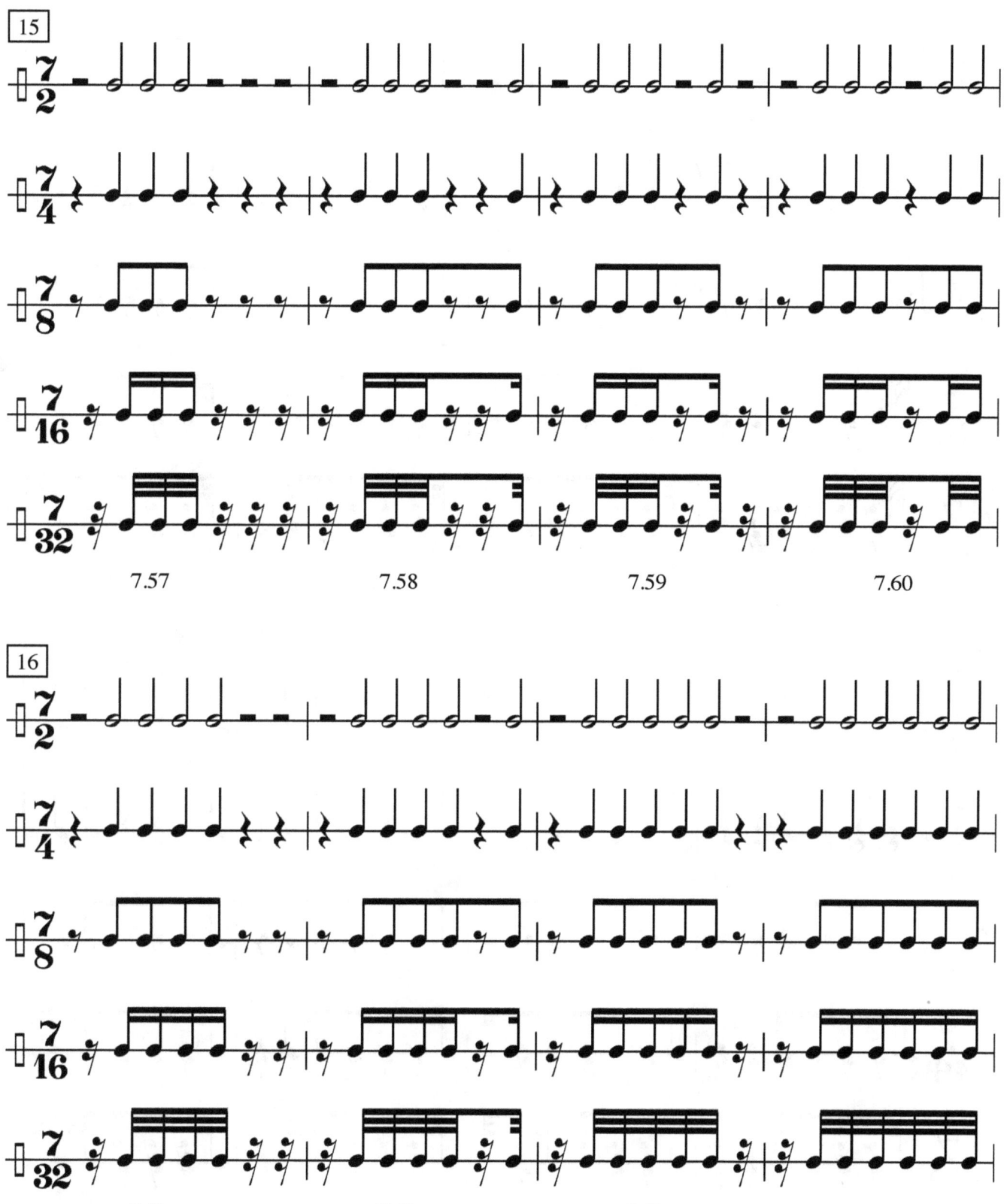

Level 7 Event Point Patterns (cont'd)

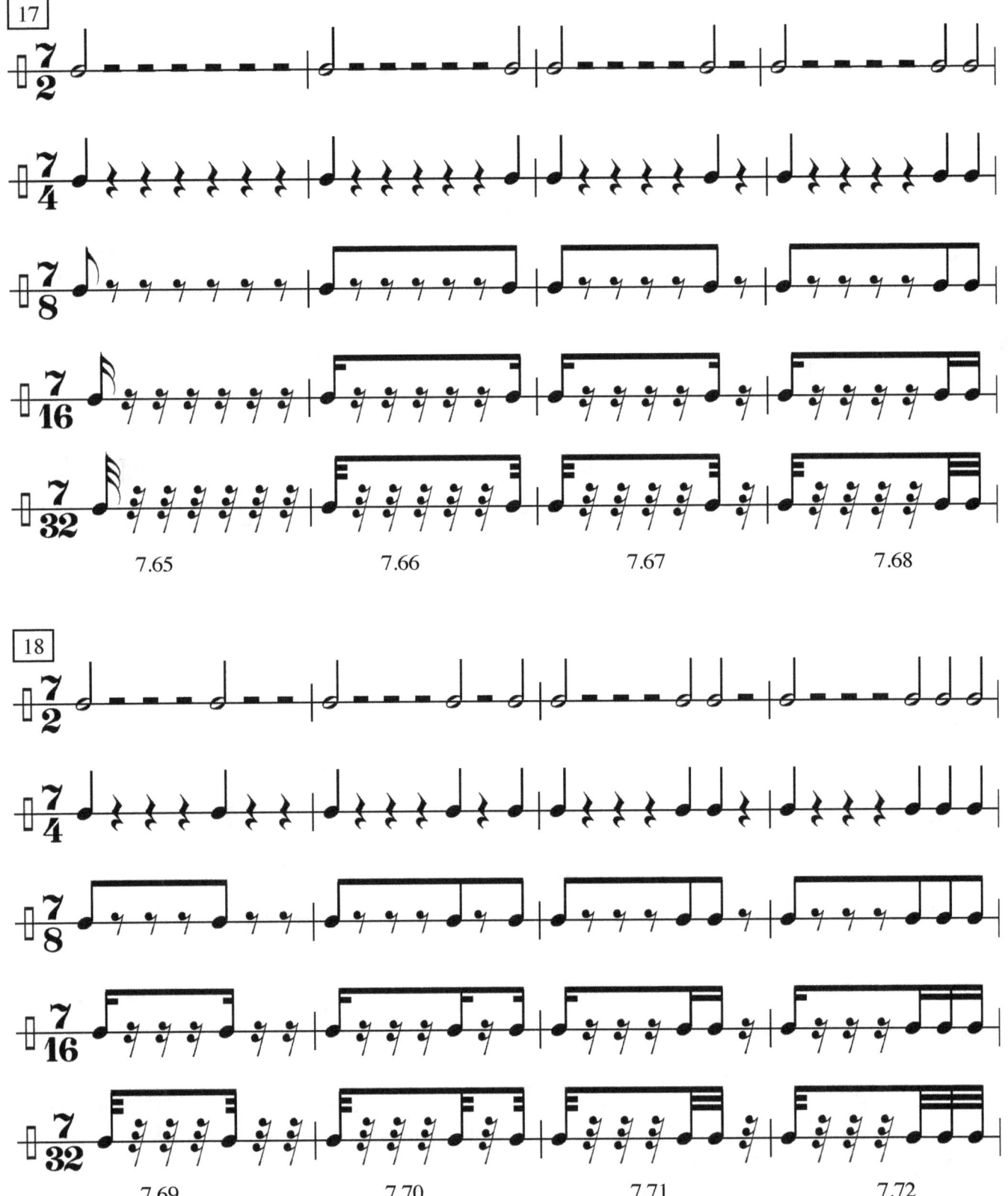

Level 7 Event Point Patterns (cont'd)

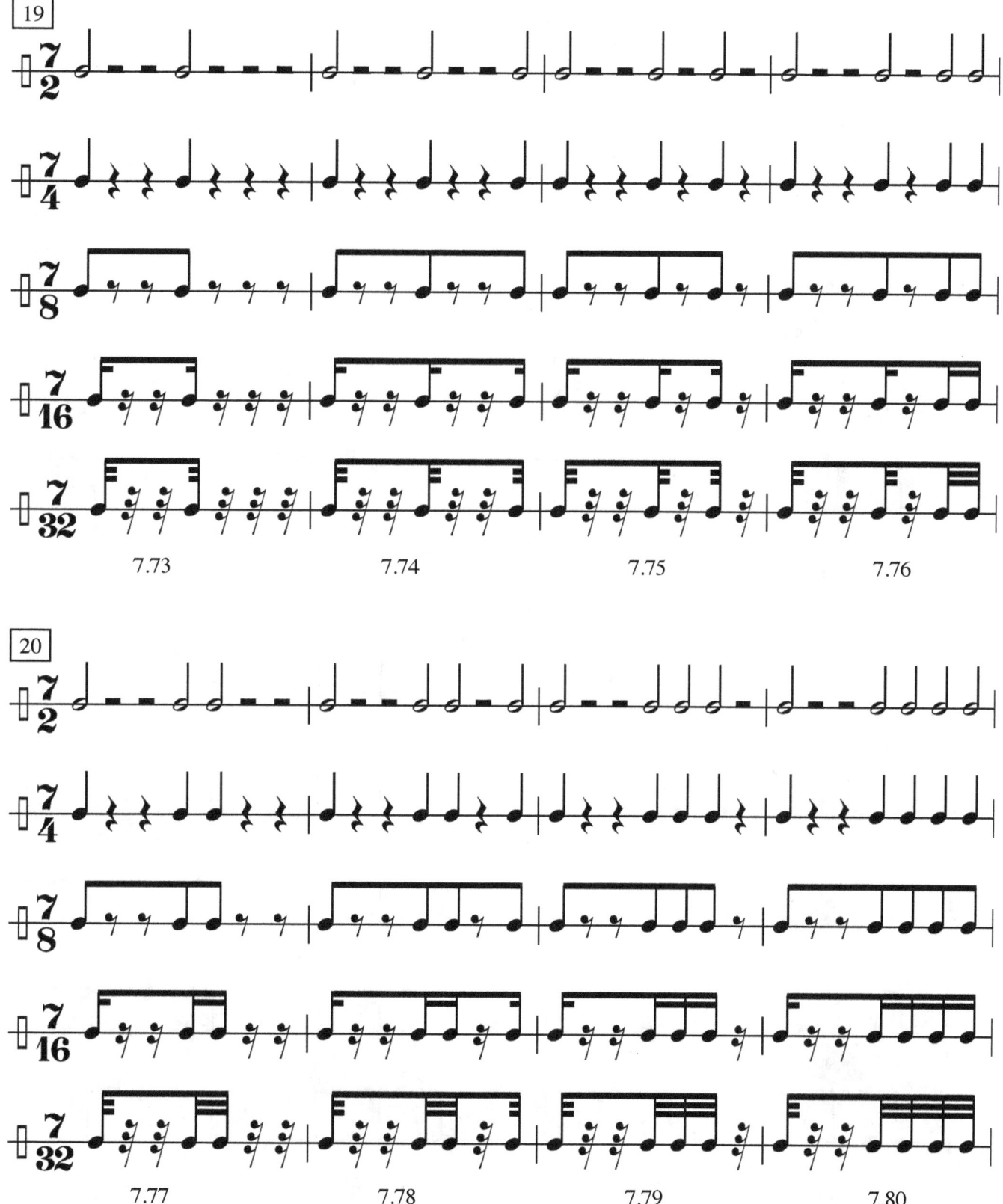

Level 7 Event Point Patterns (cont'd)

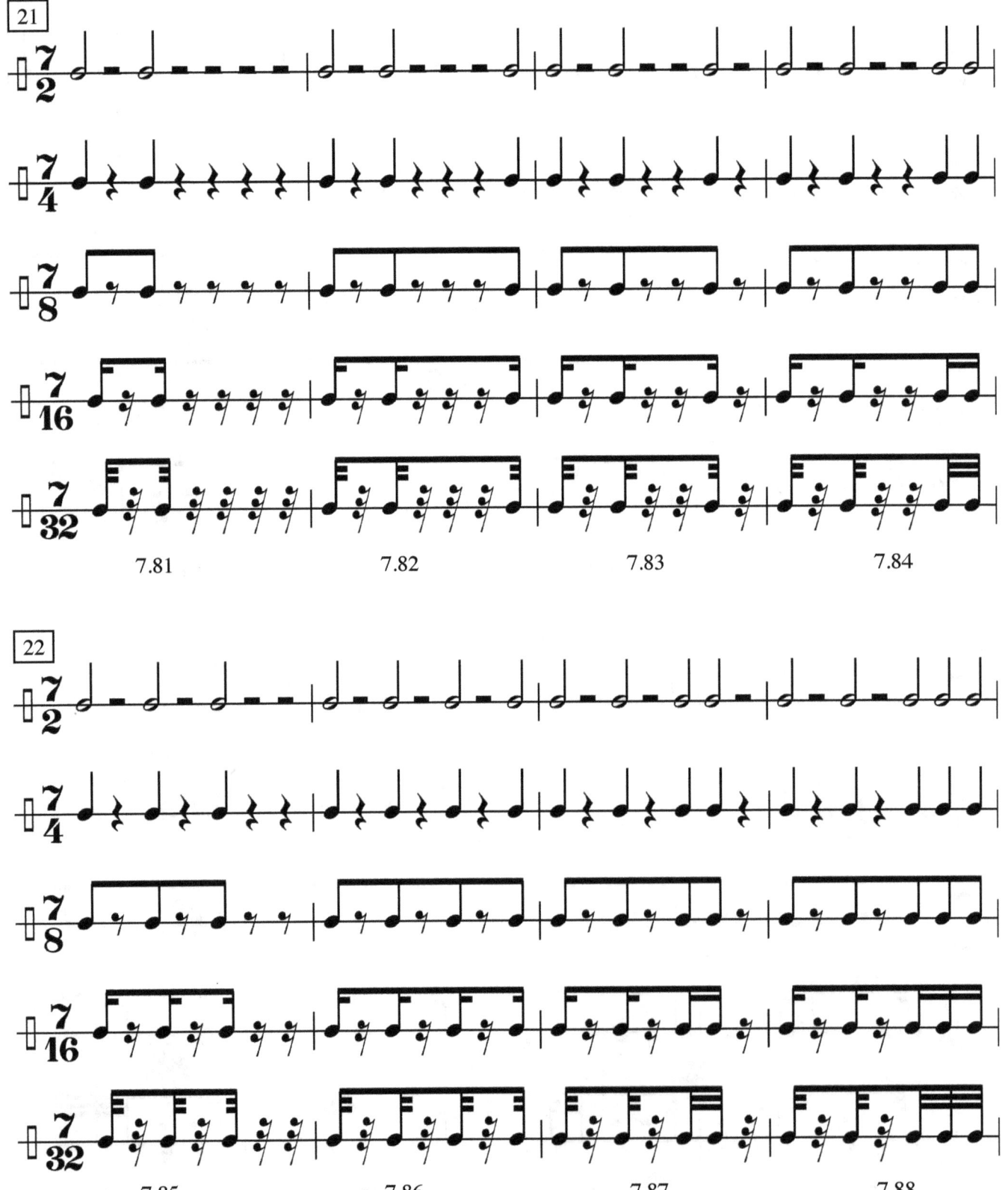

Level 7 Event Point Patterns (cont'd)

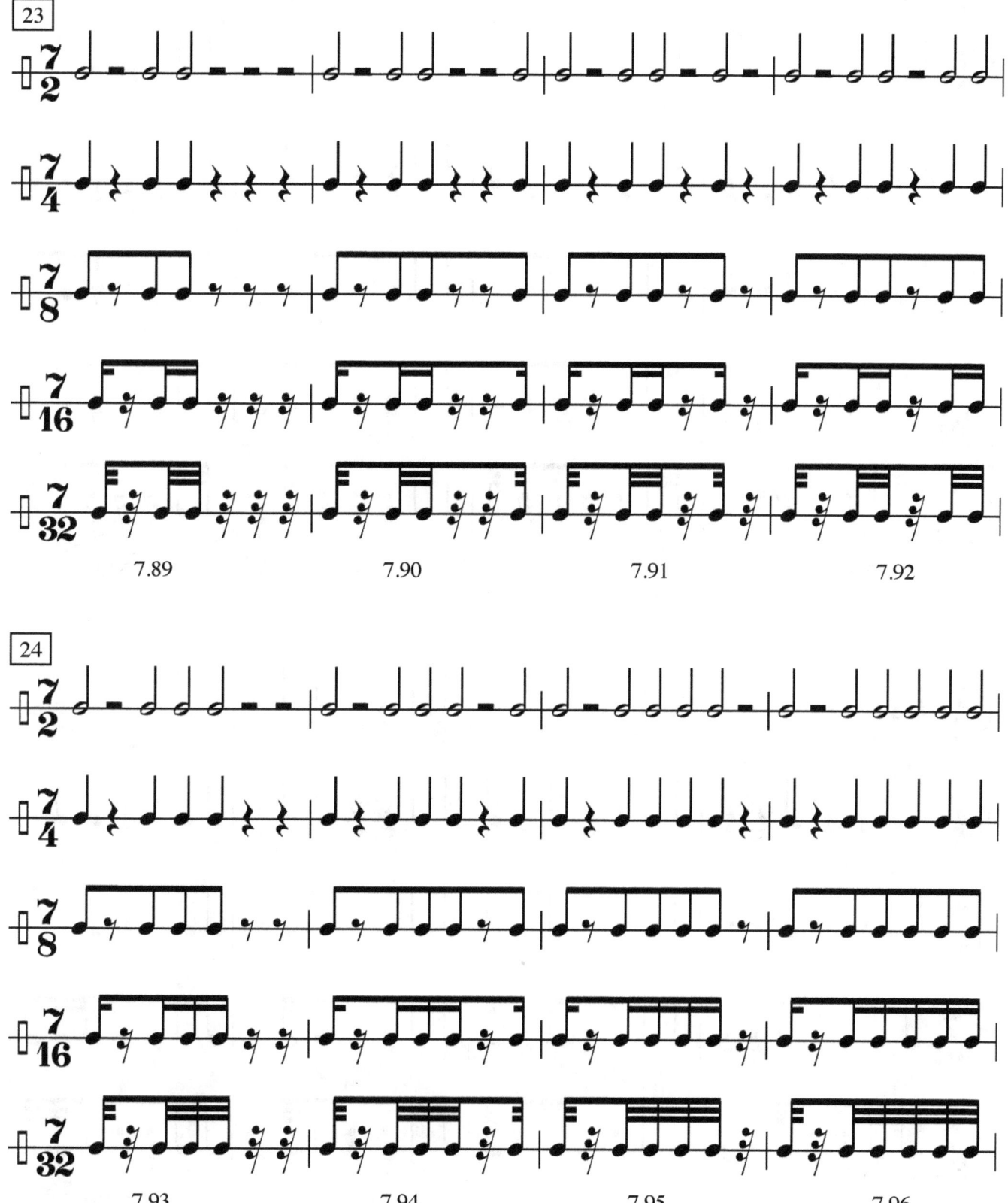

Level 7 Event Point Patterns (cont'd)

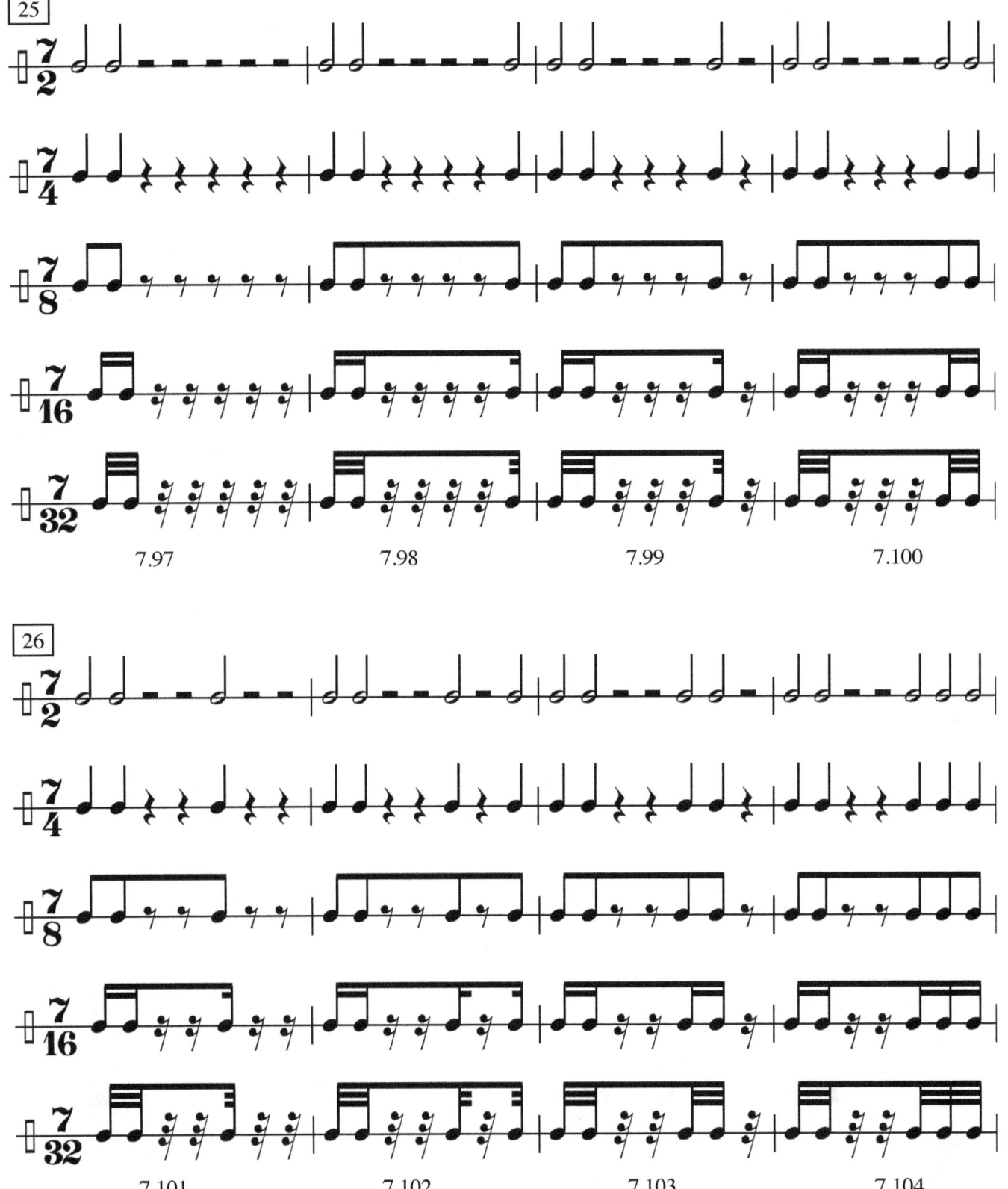

Level 7 Event Point Patterns (cont'd)

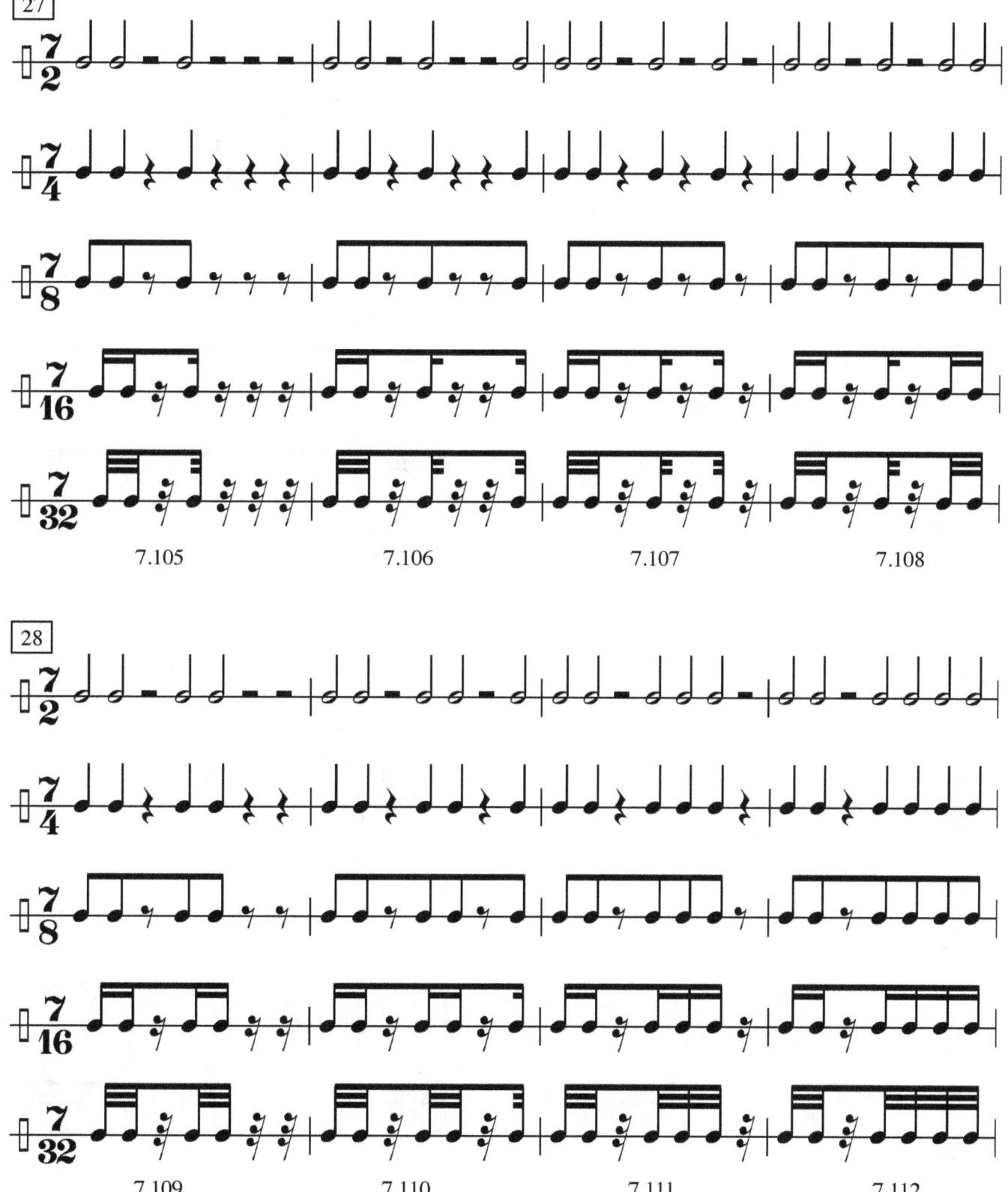

Level 7 Event Point Patterns (cont'd)

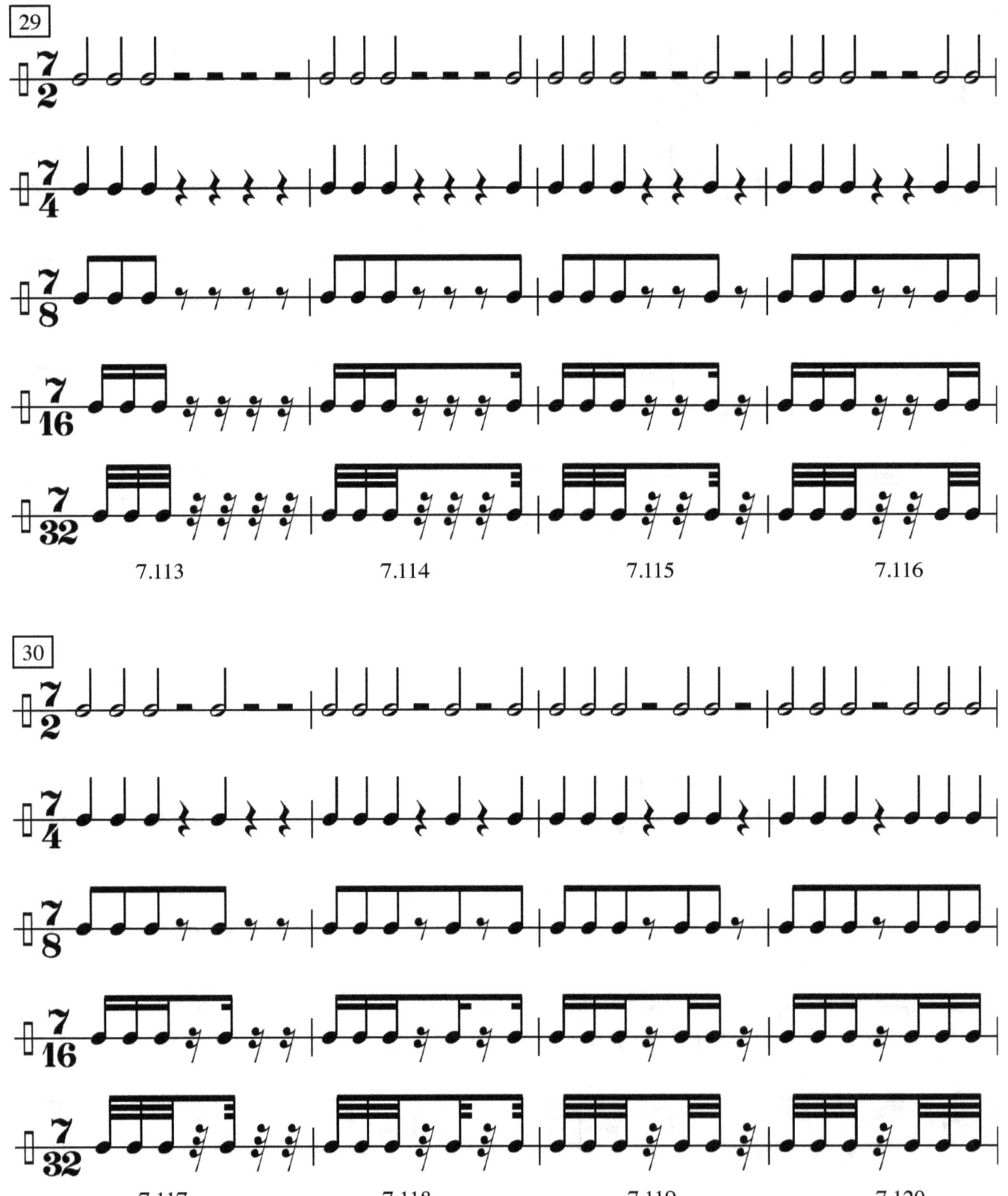

Level 7 Event Point Patterns (cont'd)

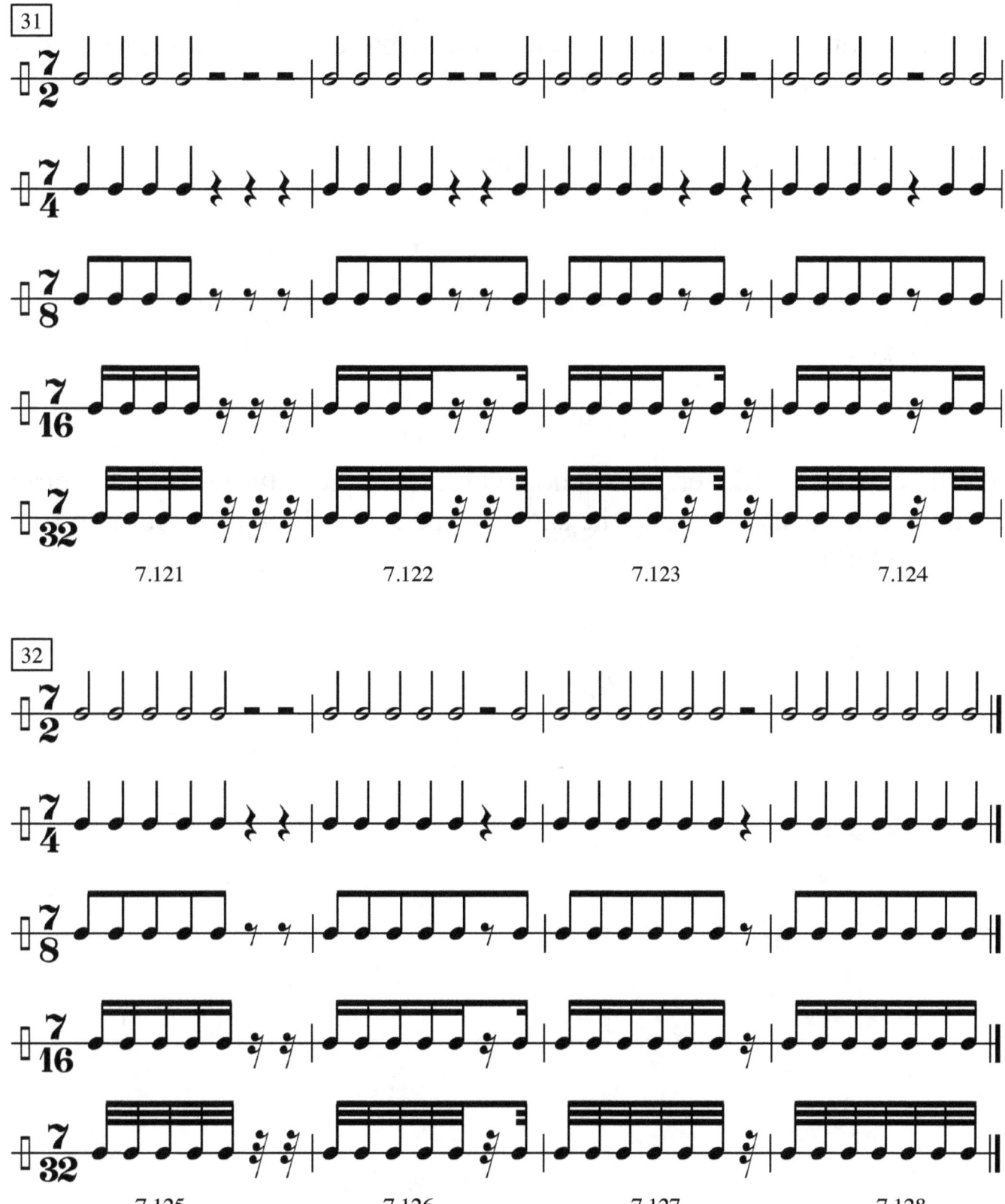

Level 8 Event Point Patterns

In this section, we will:

- count and play the fundamental rest/note pattern possibilities for Event Point Level 8 at the Beat Division level

The patterns will occur in the following metric contexts:

- 4/2
- 4/4
- 4/8
- 4/16
- 4/32

We'll be using five different beat note values, but the patterns in each metric context will occur at exactly the same tempo and will be counted with **two** sets of syllables.

**Level 8 Event Point Patterns
Counting Syllable Tables
Beat Division Level**

Music teachers and self-study musicians can use the Counting Syllable Tables on pp. 88-91 to teach and study the absolute Beat Division sound shapes for Event Point Level 8. These tables are especially useful for young and beginning readers.

The **bolded/underlined** syllables are sounded, while the others remain silent. The sounded syllables may be clapped, tapped or counted aloud.

Each group of syllables are numbered, and they match the corresponding numbered multi-stave measures on pp. 94-125. When playing these music notation patterns, count them as described on p. 93.

The counting syllables are not difficult to perform, but if you want to make them more interesting, **visualize** the notation associated with them. Use half, quarter, eighth, sixteenth and thirty-second notes as the beat note values. Even if you do this for only a few examples, you will be strengthening an aspect of musicality not often explored.

Level 8 Event Point Patterns
Beat Division Counting Syllables

1	1 + 2 + 3 + 4 +	1 + 2 + 3 + 4 <u>+</u>	1 + 2 + 3 + <u>**4**</u> +	1 + 2 + 3 + <u>**4**</u> <u>+</u>
2	1 + 2 + 3 <u>+</u> 4 +	1 + 2 + 3 <u>+</u> 4 <u>+</u>	1 + 2 + 3 <u>+</u> <u>**4**</u> +	1 + 2 + 3 <u>+</u> <u>**4**</u> <u>+</u>
3	1 + 2 + <u>**3**</u> + 4 +	1 + 2 + <u>**3**</u> + 4 <u>+</u>	1 + 2 + <u>**3**</u> + <u>**4**</u> +	1 + 2 + <u>**3**</u> + <u>**4**</u> <u>+</u>
4	1 + 2 + <u>**3**</u> <u>+</u> 4 +	1 + 2 + <u>**3**</u> <u>+</u> 4 <u>+</u>	1 + 2 + <u>**3**</u> <u>+</u> <u>**4**</u> +	1 + 2 + <u>**3**</u> <u>+</u> <u>**4**</u> <u>+</u>
5	1 + 2 <u>+</u> 3 + 4 +	1 + 2 <u>+</u> 3 + 4 <u>+</u>	1 + 2 <u>+</u> 3 + <u>**4**</u> +	1 + 2 <u>+</u> 3 + <u>**4**</u> <u>+</u>
6	1 + 2 <u>+</u> 3 <u>+</u> 4 +	1 + 2 <u>+</u> 3 <u>+</u> 4 <u>+</u>	1 + 2 <u>+</u> 3 <u>+</u> <u>**4**</u> +	1 + 2 <u>+</u> 3 <u>+</u> <u>**4**</u> <u>+</u>
7	1 + 2 <u>+</u> <u>**3**</u> + 4 +	1 + 2 <u>+</u> <u>**3**</u> + 4 <u>+</u>	1 + 2 <u>+</u> <u>**3**</u> + <u>**4**</u> +	1 + 2 <u>+</u> <u>**3**</u> + <u>**4**</u> <u>+</u>
8	1 + 2 <u>+</u> <u>**3**</u> <u>+</u> 4 +	1 + 2 <u>+</u> <u>**3**</u> <u>+</u> 4 <u>+</u>	1 + 2 <u>+</u> <u>**3**</u> <u>+</u> <u>**4**</u> +	1 + 2 <u>+</u> <u>**3**</u> <u>+</u> <u>**4**</u> <u>+</u>
9	1 + <u>**2**</u> + 3 + 4 +	1 + <u>**2**</u> + 3 + 4 <u>+</u>	1 + <u>**2**</u> + 3 + <u>**4**</u> +	1 + <u>**2**</u> + 3 + <u>**4**</u> <u>+</u>
10	1 + <u>**2**</u> + 3 <u>+</u> 4 +	1 + <u>**2**</u> + 3 <u>+</u> 4 <u>+</u>	1 + <u>**2**</u> + 3 <u>+</u> <u>**4**</u> +	1 + <u>**2**</u> + 3 <u>+</u> <u>**4**</u> <u>+</u>
11	1 + <u>**2**</u> + <u>**3**</u> + 4 +	1 + <u>**2**</u> + <u>**3**</u> + 4 <u>+</u>	1 + <u>**2**</u> + <u>**3**</u> + <u>**4**</u> +	1 + <u>**2**</u> + <u>**3**</u> + <u>**4**</u> <u>+</u>
12	1 + <u>**2**</u> + <u>**3**</u> <u>+</u> 4 +	1 + <u>**2**</u> + <u>**3**</u> <u>+</u> 4 <u>+</u>	1 + <u>**2**</u> + <u>**3**</u> <u>+</u> <u>**4**</u> +	1 + <u>**2**</u> + <u>**3**</u> <u>+</u> <u>**4**</u> <u>+</u>
13	1 + <u>**2**</u> <u>+</u> 3 + 4 +	1 + <u>**2**</u> <u>+</u> 3 + 4 <u>+</u>	1 + <u>**2**</u> <u>+</u> 3 + <u>**4**</u> +	1 + <u>**2**</u> <u>+</u> 3 + <u>**4**</u> <u>+</u>
14	1 + <u>**2**</u> <u>+</u> 3 <u>+</u> 4 +	1 + <u>**2**</u> <u>+</u> 3 <u>+</u> 4 <u>+</u>	1 + <u>**2**</u> <u>+</u> 3 <u>+</u> <u>**4**</u> +	1 + <u>**2**</u> <u>+</u> 3 <u>+</u> <u>**4**</u> <u>+</u>
15	1 + <u>**2**</u> <u>+</u> <u>**3**</u> + 4 +	1 + <u>**2**</u> <u>+</u> <u>**3**</u> + 4 <u>+</u>	1 + <u>**2**</u> <u>+</u> <u>**3**</u> + <u>**4**</u> +	1 + <u>**2**</u> <u>+</u> <u>**3**</u> + <u>**4**</u> <u>+</u>
16	1 + <u>**2**</u> <u>+</u> <u>**3**</u> <u>+</u> 4 +	1 + <u>**2**</u> <u>+</u> <u>**3**</u> <u>+</u> 4 <u>+</u>	1 + <u>**2**</u> <u>+</u> <u>**3**</u> <u>+</u> <u>**4**</u> +	1 + <u>**2**</u> <u>+</u> <u>**3**</u> <u>+</u> <u>**4**</u> <u>+</u>

Level 8 Event Point Patterns (cont'd)
Beat Division Counting Syllables

17	1 <u>+</u> 2 + 3 + 4 +	1 <u>+</u> 2 + 3 + 4 <u>+</u>	1 <u>+</u> 2 + 3 + <u>4</u> +	1 <u>+</u> 2 + 3 + <u>4</u> <u>+</u>
18	1 <u>+</u> 2 + 3 <u>+</u> 4 +	1 <u>+</u> 2 + 3 <u>+</u> 4 <u>+</u>	1 <u>+</u> 2 + 3 <u>+</u> <u>4</u> +	1 <u>+</u> 2 + 3 <u>+</u> <u>4</u> <u>+</u>
19	1 <u>+</u> 2 + <u>3</u> + 4 +	1 <u>+</u> 2 + <u>3</u> + 4 <u>+</u>	1 <u>+</u> 2 + <u>3</u> + <u>4</u> +	1 <u>+</u> 2 + <u>3</u> + <u>4</u> <u>+</u>
20	1 <u>+</u> 2 + <u>3</u> <u>+</u> 4 +	1 <u>+</u> 2 + <u>3</u> <u>+</u> 4 <u>+</u>	1 <u>+</u> 2 + <u>3</u> <u>+</u> <u>4</u> +	1 <u>+</u> 2 + <u>3</u> <u>+</u> <u>4</u> <u>+</u>
21	1 <u>+</u> 2 <u>+</u> 3 + 4 +	1 <u>+</u> 2 <u>+</u> 3 + 4 <u>+</u>	1 <u>+</u> 2 <u>+</u> 3 + <u>4</u> +	1 <u>+</u> 2 <u>+</u> 3 + <u>4</u> <u>+</u>
22	1 <u>+</u> 2 <u>+</u> 3 <u>+</u> 4 +	1 <u>+</u> 2 <u>+</u> 3 <u>+</u> 4 <u>+</u>	1 <u>+</u> 2 <u>+</u> 3 <u>+</u> <u>4</u> +	1 <u>+</u> 2 <u>+</u> 3 <u>+</u> <u>4</u> <u>+</u>
23	1 <u>+</u> 2 <u>+</u> <u>3</u> + 4 +	1 <u>+</u> 2 <u>+</u> <u>3</u> + 4 <u>+</u>	1 <u>+</u> 2 <u>+</u> <u>3</u> + <u>4</u> +	1 <u>+</u> 2 <u>+</u> <u>3</u> + <u>4</u> <u>+</u>
24	1 <u>+</u> 2 <u>+</u> <u>3</u> <u>+</u> 4 +	1 <u>+</u> 2 <u>+</u> <u>3</u> <u>+</u> 4 <u>+</u>	1 <u>+</u> 2 <u>+</u> <u>3</u> <u>+</u> <u>4</u> +	1 <u>+</u> 2 <u>+</u> <u>3</u> <u>+</u> <u>4</u> <u>+</u>
25	1 <u>+</u> <u>2</u> + 3 + 4 +	1 <u>+</u> <u>2</u> + 3 + 4 <u>+</u>	1 <u>+</u> <u>2</u> + 3 + <u>4</u> +	1 <u>+</u> <u>2</u> + 3 + <u>4</u> <u>+</u>
26	1 <u>+</u> <u>2</u> + 3 <u>+</u> 4 +	1 <u>+</u> <u>2</u> + 3 <u>+</u> 4 <u>+</u>	1 <u>+</u> <u>2</u> + 3 <u>+</u> <u>4</u> +	1 <u>+</u> <u>2</u> + 3 <u>+</u> <u>4</u> <u>+</u>
27	1 <u>+</u> <u>2</u> + <u>3</u> + 4 +	1 <u>+</u> <u>2</u> + <u>3</u> + 4 <u>+</u>	1 <u>+</u> <u>2</u> + <u>3</u> + <u>4</u> +	1 <u>+</u> <u>2</u> + <u>3</u> + <u>4</u> <u>+</u>
28	1 <u>+</u> <u>2</u> + <u>3</u> <u>+</u> 4 +	1 <u>+</u> <u>2</u> + <u>3</u> <u>+</u> 4 <u>+</u>	1 <u>+</u> <u>2</u> + <u>3</u> <u>+</u> <u>4</u> +	1 <u>+</u> <u>2</u> + <u>3</u> <u>+</u> <u>4</u> <u>+</u>
29	1 <u>+</u> <u>2</u> <u>+</u> 3 + 4 +	1 <u>+</u> <u>2</u> <u>+</u> 3 + 4 <u>+</u>	1 <u>+</u> <u>2</u> <u>+</u> 3 + <u>4</u> +	1 <u>+</u> <u>2</u> <u>+</u> 3 + <u>4</u> <u>+</u>
30	1 <u>+</u> <u>2</u> <u>+</u> 3 <u>+</u> 4 +	1 <u>+</u> <u>2</u> <u>+</u> 3 <u>+</u> 4 <u>+</u>	1 <u>+</u> <u>2</u> <u>+</u> 3 <u>+</u> <u>4</u> +	1 <u>+</u> <u>2</u> <u>+</u> 3 <u>+</u> <u>4</u> <u>+</u>
31	1 <u>+</u> <u>2</u> <u>+</u> <u>3</u> + 4 +	1 <u>+</u> <u>2</u> <u>+</u> <u>3</u> + 4 <u>+</u>	1 <u>+</u> <u>2</u> <u>+</u> <u>3</u> + <u>4</u> +	1 <u>+</u> <u>2</u> <u>+</u> <u>3</u> + <u>4</u> <u>+</u>
32	1 <u>+</u> <u>2</u> <u>+</u> <u>3</u> <u>+</u> 4 +	1 <u>+</u> <u>2</u> <u>+</u> <u>3</u> <u>+</u> 4 <u>+</u>	1 <u>+</u> <u>2</u> <u>+</u> <u>3</u> <u>+</u> <u>4</u> +	1 <u>+</u> <u>2</u> <u>+</u> <u>3</u> <u>+</u> <u>4</u> <u>+</u>

Level 8 Event Point Patterns (cont'd)
Beat Division Counting Syllables

[33] **1**+2+3+4+   **1**+2+3+4**+**   **1**+2+3+**4**+   **1**+2+3+**4+**

[34] **1**+2+3**+**4+   **1**+2+3**+**4**+**   **1**+2+3**+4**+   **1**+2+3**+4+**

[35] **1**+2+**3**+4+   **1**+2+**3**+4**+**   **1**+2+**3**+**4**+   **1**+2+**3**+**4+**

[36] **1**+2+**3+**4+   **1**+2+**3+**4**+**   **1**+2+**3+4**+   **1**+2+**3+4+**

[37] **1**+2**+**3+4+   **1**+2**+**3+4**+**   **1**+2**+**3+**4**+   **1**+2**+**3+**4+**

[38] **1**+2**+**3**+**4+   **1**+2**+**3**+**4**+**   **1**+2**+**3**+4**+   **1**+2**+**3**+4+**

[39] **1**+2**+3**+4+   **1**+2**+3**+4**+**   **1**+2**+3**+**4**+   **1**+2**+3**+**4+**

[40] **1**+2**+3+**4+   **1**+2**+3+**4**+**   **1**+2**+3+4**+   **1**+2**+3+4+**

[41] **1**+**2**+3+4+   **1**+**2**+3+4**+**   **1**+**2**+3+**4**+   **1**+**2**+3+**4+**

[42] **1**+**2**+3**+**4+   **1**+**2**+3**+**4**+**   **1**+**2**+3**+4**+   **1**+**2**+3**+4+**

[43] **1**+**2**+**3**+4+   **1**+**2**+**3**+4**+**   **1**+**2**+**3**+**4**+   **1**+**2**+**3**+**4+**

[44] **1**+**2**+**3+**4+   **1**+**2**+**3+**4**+**   **1**+**2**+**3+4**+   **1**+**2**+**3+4+**

[45] **1**+**2+**3+4+   **1**+**2+**3+4**+**   **1**+**2+**3+**4**+   **1**+**2+**3+**4+**

[46] **1**+**2+**3**+**4+   **1**+**2+**3**+**4**+**   **1**+**2+**3+4**+   **1**+**2+**3+4+**

[47] **1**+**2+3**+4+   **1**+**2+3**+4**+**   **1**+**2+3**+**4**+   **1**+**2+3**+**4+**

[48] **1**+**2+3+**4+   **1**+**2+3+**4**+**   **1**+**2+3+4**+   **1**+**2+3+4+**

Level 8 Event Point Patterns (cont'd)
Beat Division Counting Syllables

49	**<u>1 +</u>** 2 + 3 + 4 +	**<u>1 +</u>** 2 + 3 + 4 **<u>+</u>**	**<u>1 +</u>** 2 + 3 + **<u>4</u>** +	**<u>1 +</u>** 2 + 3 + **<u>4 +</u>**
50	**<u>1 +</u>** 2 + 3 **<u>+</u>** 4 +	**<u>1 +</u>** 2 + 3 **<u>+</u>** 4 **<u>+</u>**	**<u>1 +</u>** 2 + 3 **<u>+ 4</u>** +	**<u>1 +</u>** 2 + 3 **<u>+ 4 +</u>**
51	**<u>1 +</u>** 2 + **<u>3</u>** + 4 +	**<u>1 +</u>** 2 + **<u>3</u>** + 4 **<u>+</u>**	**<u>1 +</u>** 2 + **<u>3</u>** + **<u>4</u>** +	**<u>1 +</u>** 2 + **<u>3</u>** + **<u>4 +</u>**
52	**<u>1 +</u>** 2 + **<u>3 +</u>** 4 +	**<u>1 +</u>** 2 + **<u>3 +</u>** 4 **<u>+</u>**	**<u>1 +</u>** 2 + **<u>3 + 4</u>** +	**<u>1 +</u>** 2 + **<u>3 + 4 +</u>**
53	**<u>1 +</u>** 2 **<u>+</u>** 3 + 4 +	**<u>1 +</u>** 2 **<u>+</u>** 3 + 4 **<u>+</u>**	**<u>1 +</u>** 2 **<u>+</u>** 3 + **<u>4</u>** +	**<u>1 +</u>** 2 **<u>+</u>** 3 + **<u>4 +</u>**
54	**<u>1 +</u>** 2 **<u>+</u>** 3 **<u>+</u>** 4 +	**<u>1 +</u>** 2 **<u>+</u>** 3 **<u>+</u>** 4 **<u>+</u>**	**<u>1 +</u>** 2 **<u>+</u>** 3 **<u>+ 4</u>** +	**<u>1 +</u>** 2 **<u>+</u>** 3 **<u>+ 4 +</u>**
55	**<u>1 +</u>** 2 **<u>+ 3</u>** + 4 +	**<u>1 +</u>** 2 **<u>+ 3</u>** + 4 **<u>+</u>**	**<u>1 +</u>** 2 **<u>+ 3</u>** + **<u>4</u>** +	**<u>1 +</u>** 2 **<u>+ 3</u>** + **<u>4 +</u>**
56	**<u>1 +</u>** 2 **<u>+ 3 +</u>** 4 +	**<u>1 +</u>** 2 **<u>+ 3 +</u>** 4 **<u>+</u>**	**<u>1 +</u>** 2 **<u>+ 3 +</u>** **<u>4</u>** +	**<u>1 +</u>** 2 **<u>+ 3 + 4 +</u>**
57	**<u>1 + 2</u>** + 3 + 4 +	**<u>1 + 2</u>** + 3 + 4 **<u>+</u>**	**<u>1 + 2</u>** + 3 + **<u>4</u>** +	**<u>1 + 2</u>** + 3 + **<u>4 +</u>**
58	**<u>1 + 2</u>** + 3 **<u>+</u>** 4 +	**<u>1 + 2</u>** + 3 **<u>+</u>** 4 **<u>+</u>**	**<u>1 + 2</u>** + 3 **<u>+ 4</u>** +	**<u>1 + 2</u>** + 3 **<u>+ 4 +</u>**
59	**<u>1 + 2 + 3</u>** + 4 +	**<u>1 + 2 + 3</u>** + 4 **<u>+</u>**	**<u>1 + 2</u>** + **<u>3</u>** + **<u>4</u>** +	**<u>1 + 2</u>** + **<u>3</u>** + **<u>4 +</u>**
60	**<u>1 + 2</u>** + **<u>3 +</u>** 4 +	**<u>1 + 2</u>** + **<u>3 +</u>** 4 **<u>+</u>**	**<u>1 + 2</u>** + **<u>3 + 4</u>** +	**<u>1 + 2</u>** + **<u>3 + 4 +</u>**
61	**<u>1 + 2</u>** + 3 + 4 +	**<u>1 + 2</u>** + 3 + 4 **<u>+</u>**	**<u>1 + 2</u>** + 3 + **<u>4</u>** +	**<u>1 + 2</u>** + 3 + **<u>4 +</u>**
62	**<u>1 + 2</u>** + 3 **<u>+</u>** 4 +	**<u>1 + 2</u>** + 3 **<u>+</u>** 4 **<u>+</u>**	**<u>1 + 2</u>** + 3 **<u>+ 4</u>** +	**<u>1 + 2</u>** + 3 **<u>+ 4 +</u>**
63	**<u>1 + 2 + 3</u>** + 4 +	**<u>1 + 2 + 3</u>** + 4 **<u>+</u>**	**<u>1 + 2 + 3</u>** + **<u>4</u>** +	**<u>1 + 2 + 3</u>** + **<u>4 +</u>**
64	**<u>1 + 2 + 3 +</u>** 4 +	**<u>1 + 2 + 3 +</u>** 4 **<u>+</u>**	**<u>1 + 2 + 3 +</u>** **<u>4</u>** +	**<u>1 + 2 + 3 + 4 +</u>**

(this page intentionally left blank)

Level 8 Event Point Patterns
Counting Syllable Exercises
Beat Division Level

For the 4/2, 4/4, 4/8, 4/16, 4/32 Beat Division level measures on pp. 94-125, use the **Lateral** and **Vertical** practice methods discussed on pp. 14-15:

a. First, read each measure, counting "1 + 2 + 3 + 4 +" sequentially

b. Next, read each measure, counting "1 e + uh 2 e + uh" sequentially and **disregard** the time signature.

Note: All measure groupings are identified using the Binary Rhythm Pattern Indexing System, introduced in The Elements of Rhythm Volume I. *This categorizing system helps organize the complete list of building block rhythm patterns.*

The numbers beneath the last vertical group of each measure indicate the Event Point Level at which the rhythm pattern occurs and the sequence in which it is generated.

For more information, please refer to The Elements of Rhythm Volume I, *page 30.*

Level 8 Event Point Patterns
Beat Division Level

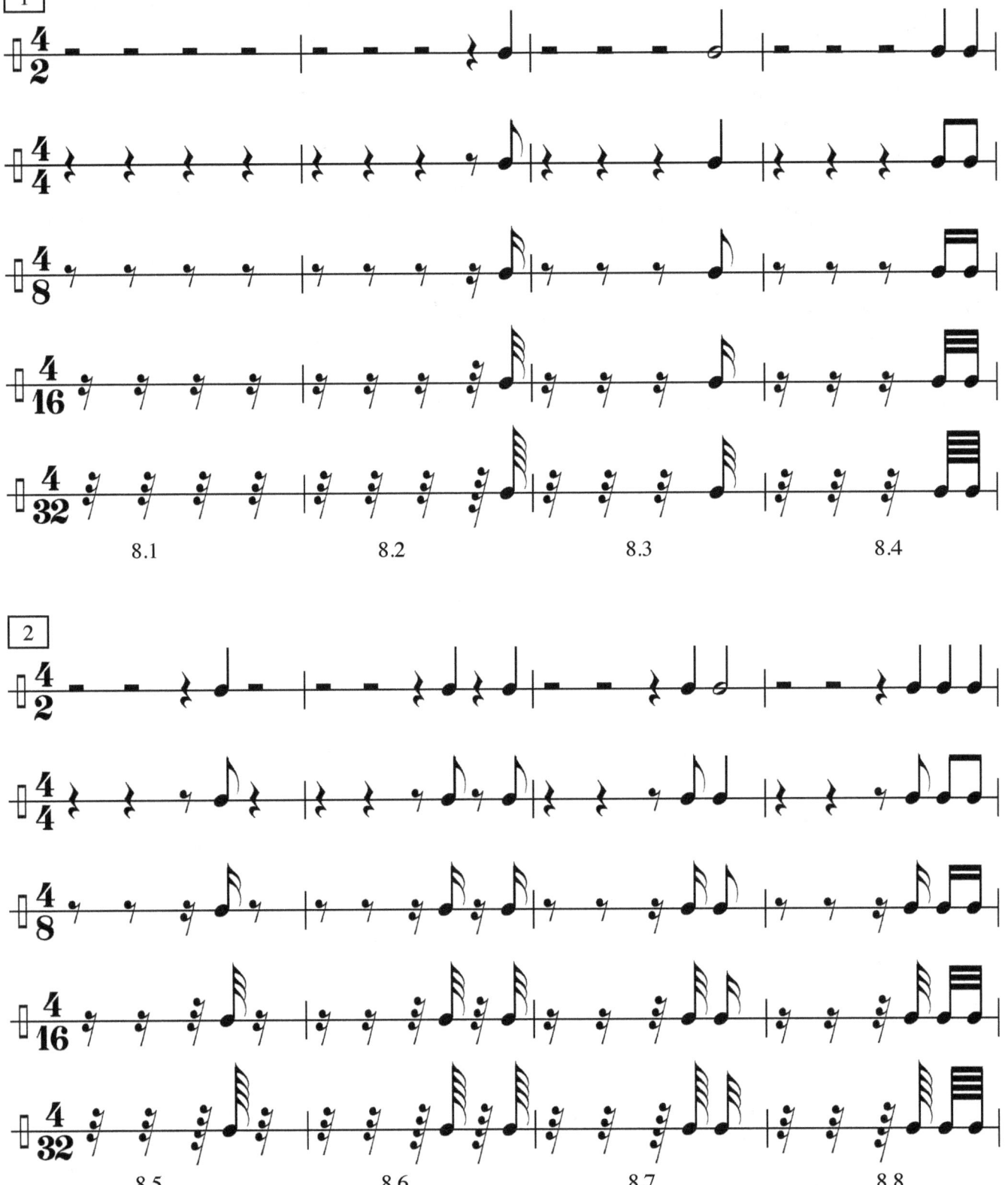

Level 8 Event Point Patterns (cont'd)
Beat Division Level

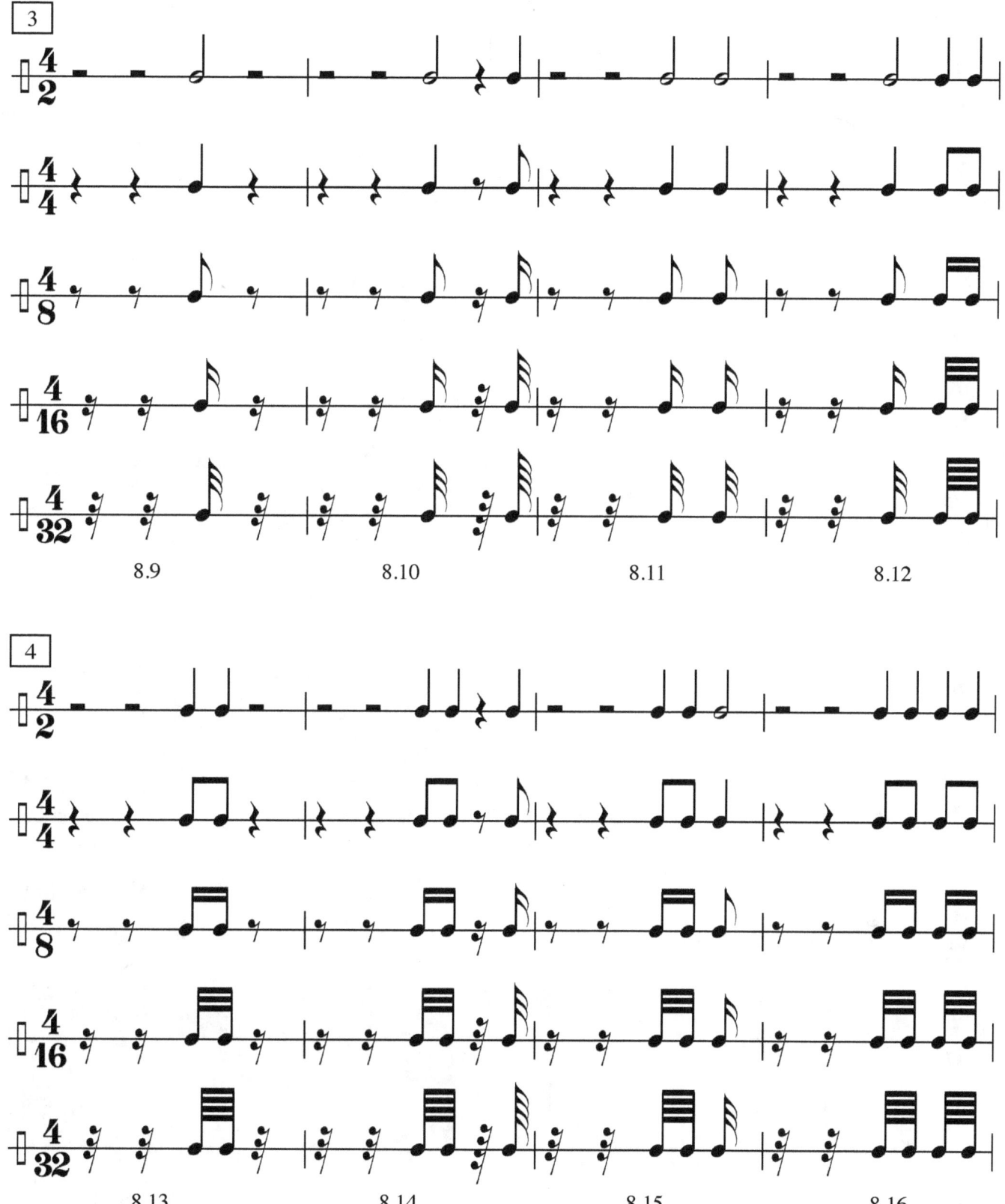

Level 8 Event Point Patterns (cont'd)
Beat Division Level

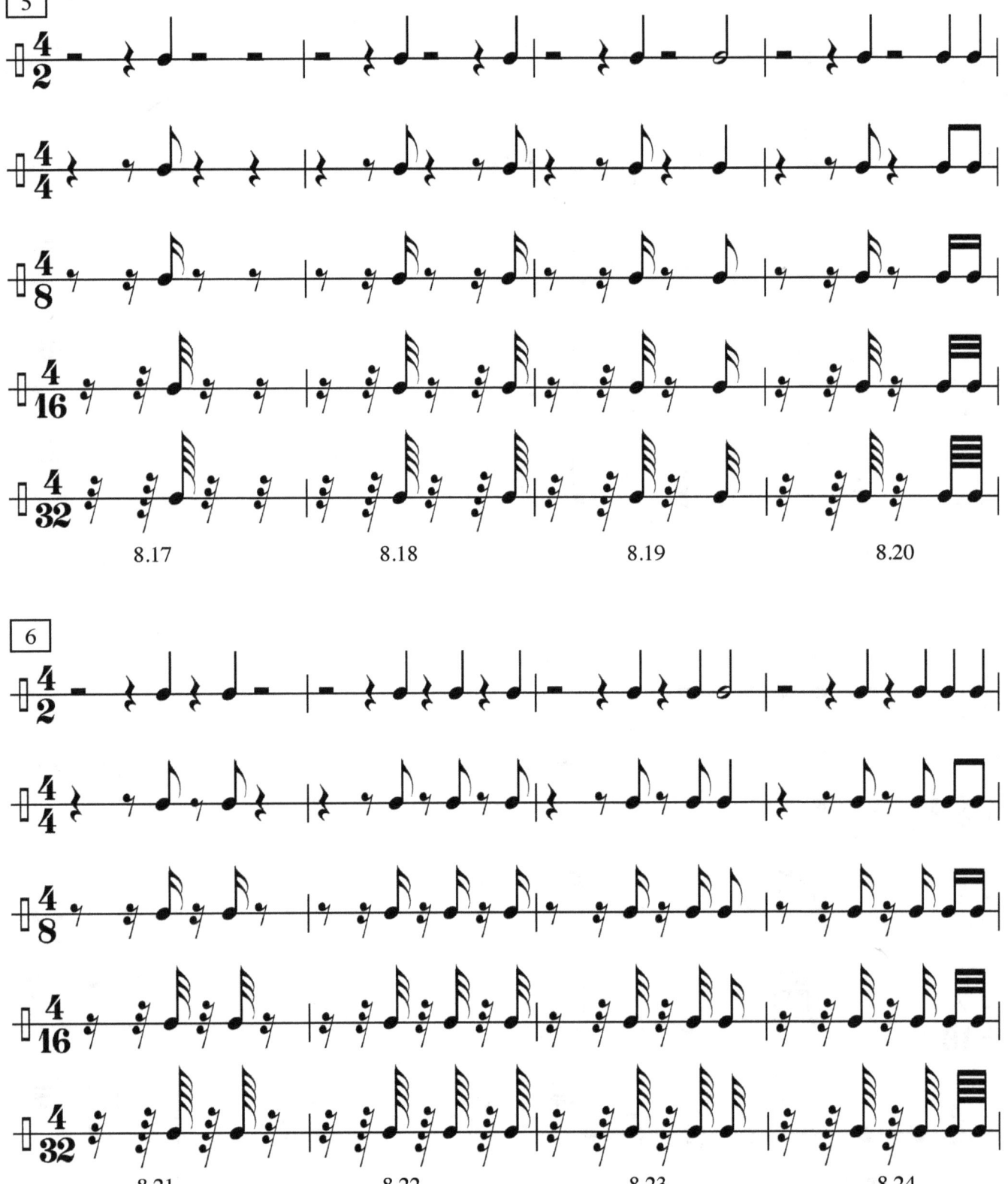

Level 8 Event Point Patterns (cont'd)
Beat Division Level

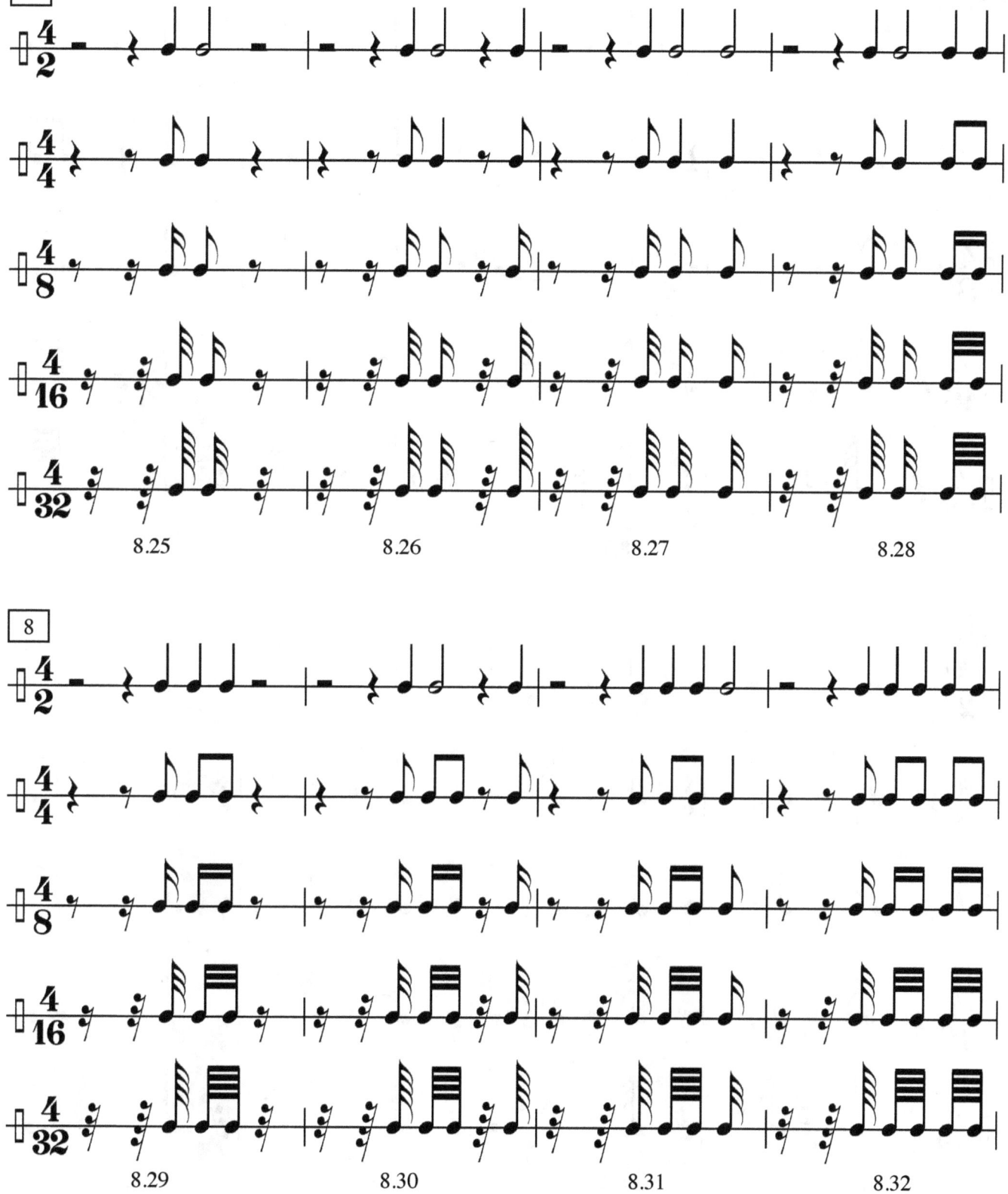

Level 8 Event Point Patterns (cont'd)
Beat Division Level

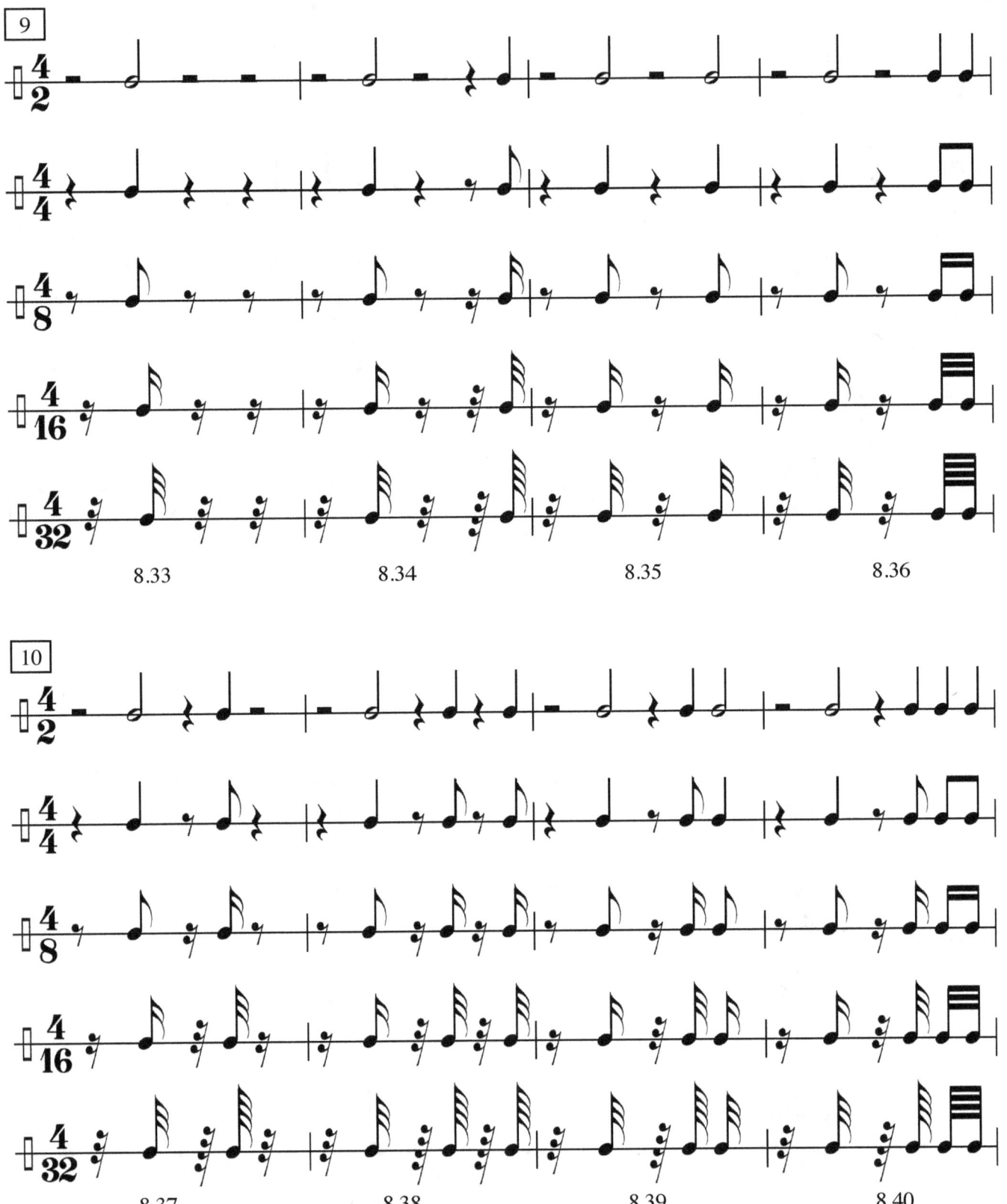

Level 8 Event Point Patterns (cont'd)
Beat Division Level

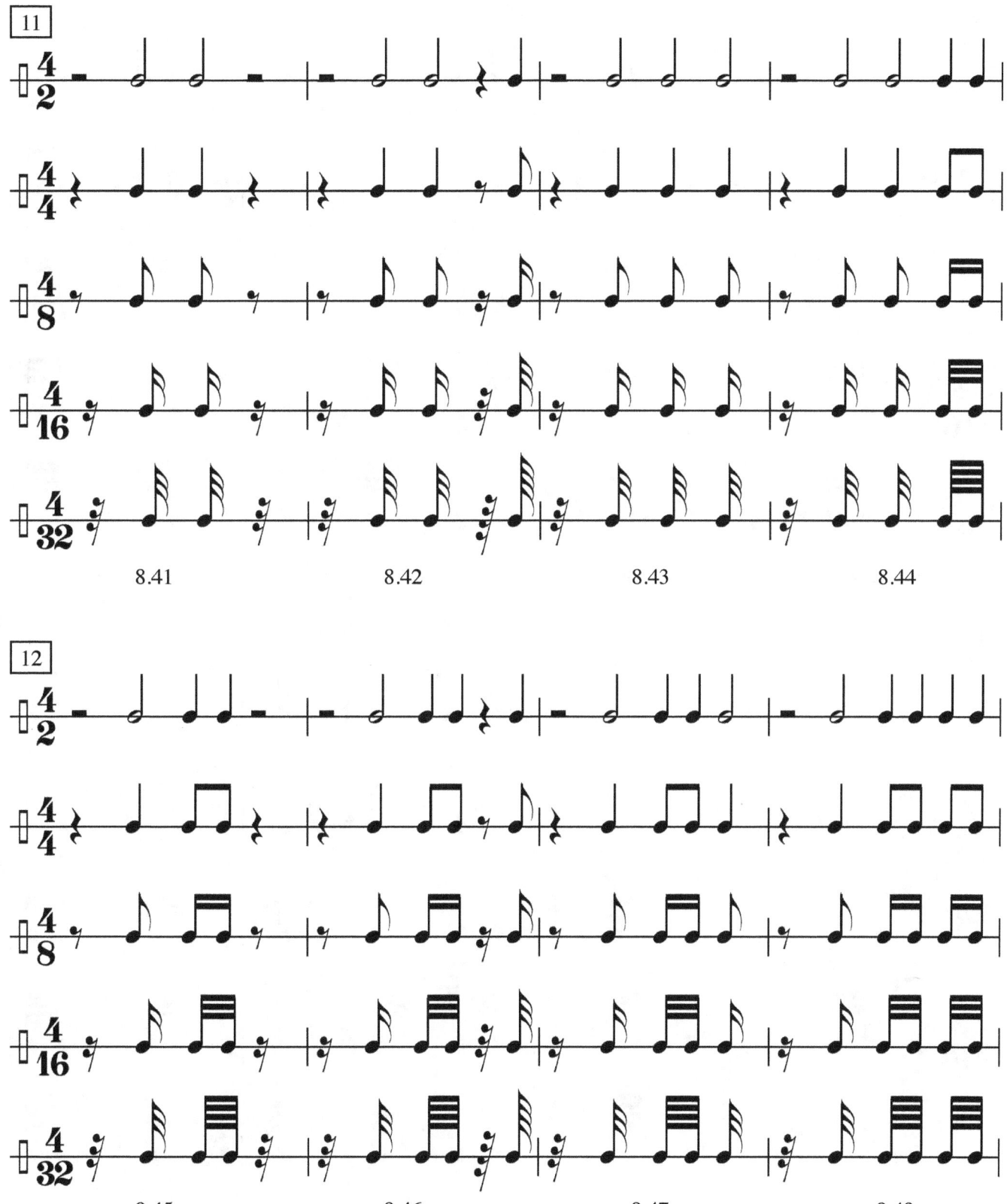

Level 8 Event Point Patterns (cont'd)
Beat Division Level

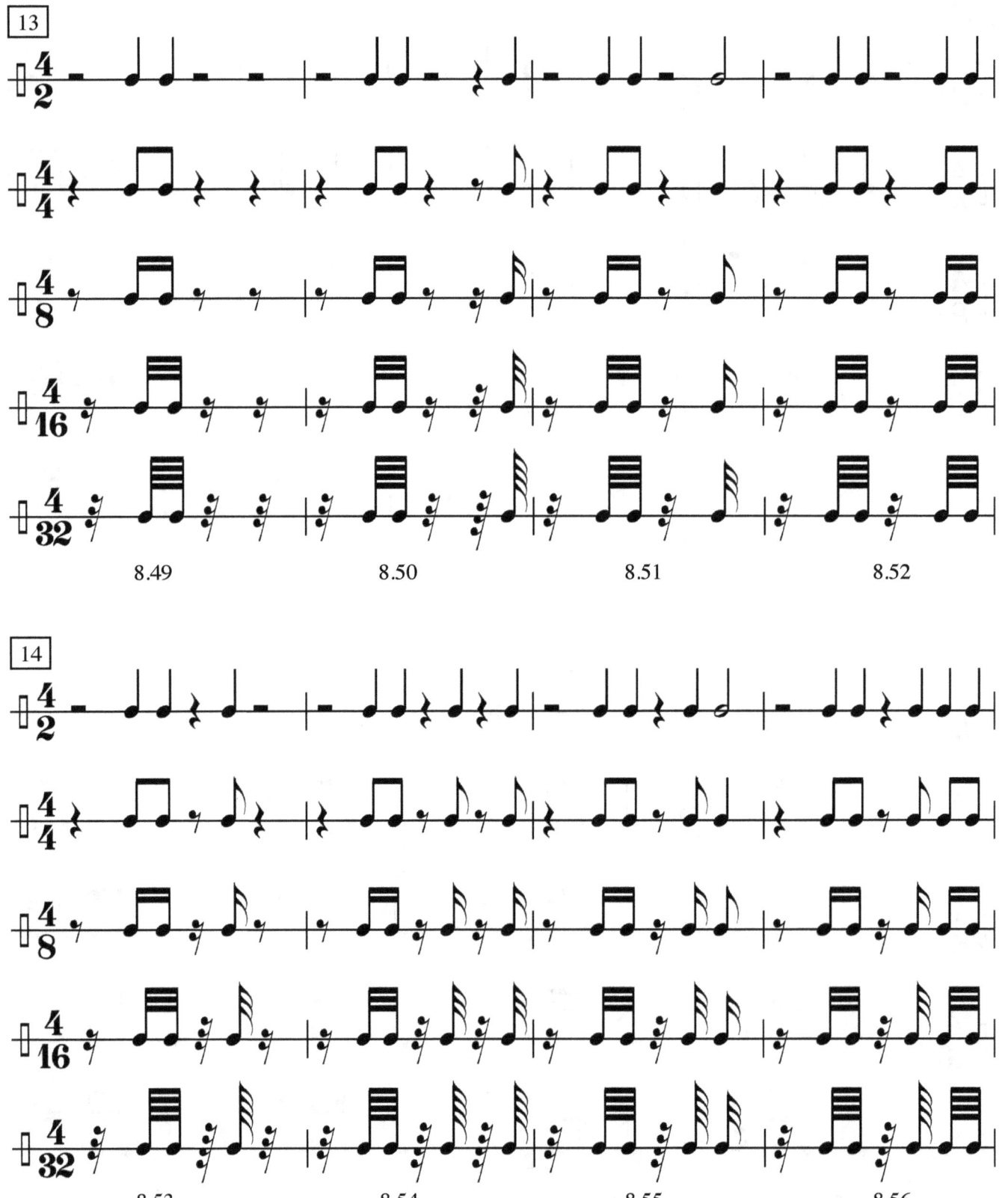

Level 8 Event Point Patterns (cont'd)
Beat Division Level

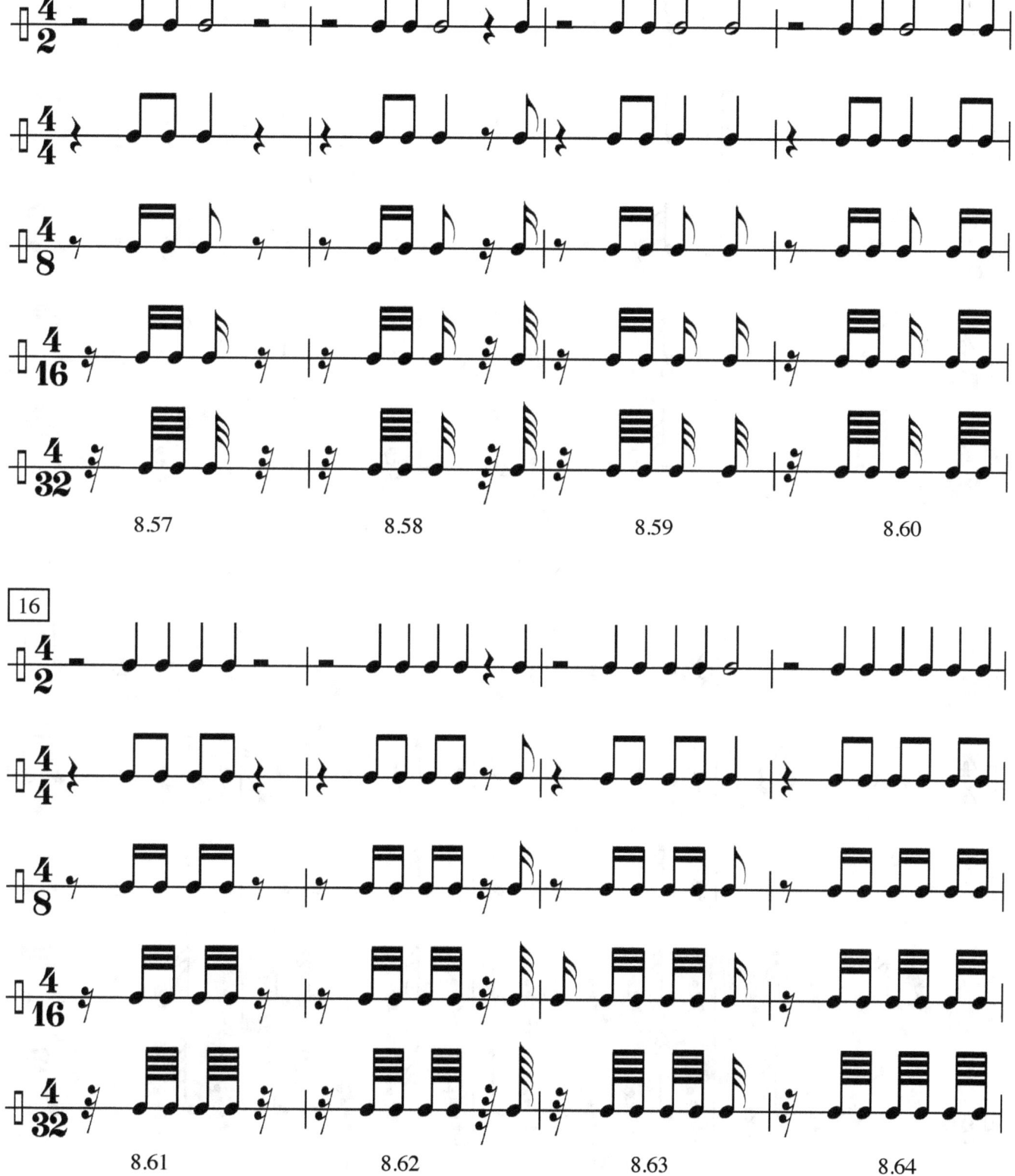

Level 8 Event Point Patterns (cont'd)
Beat Division Level

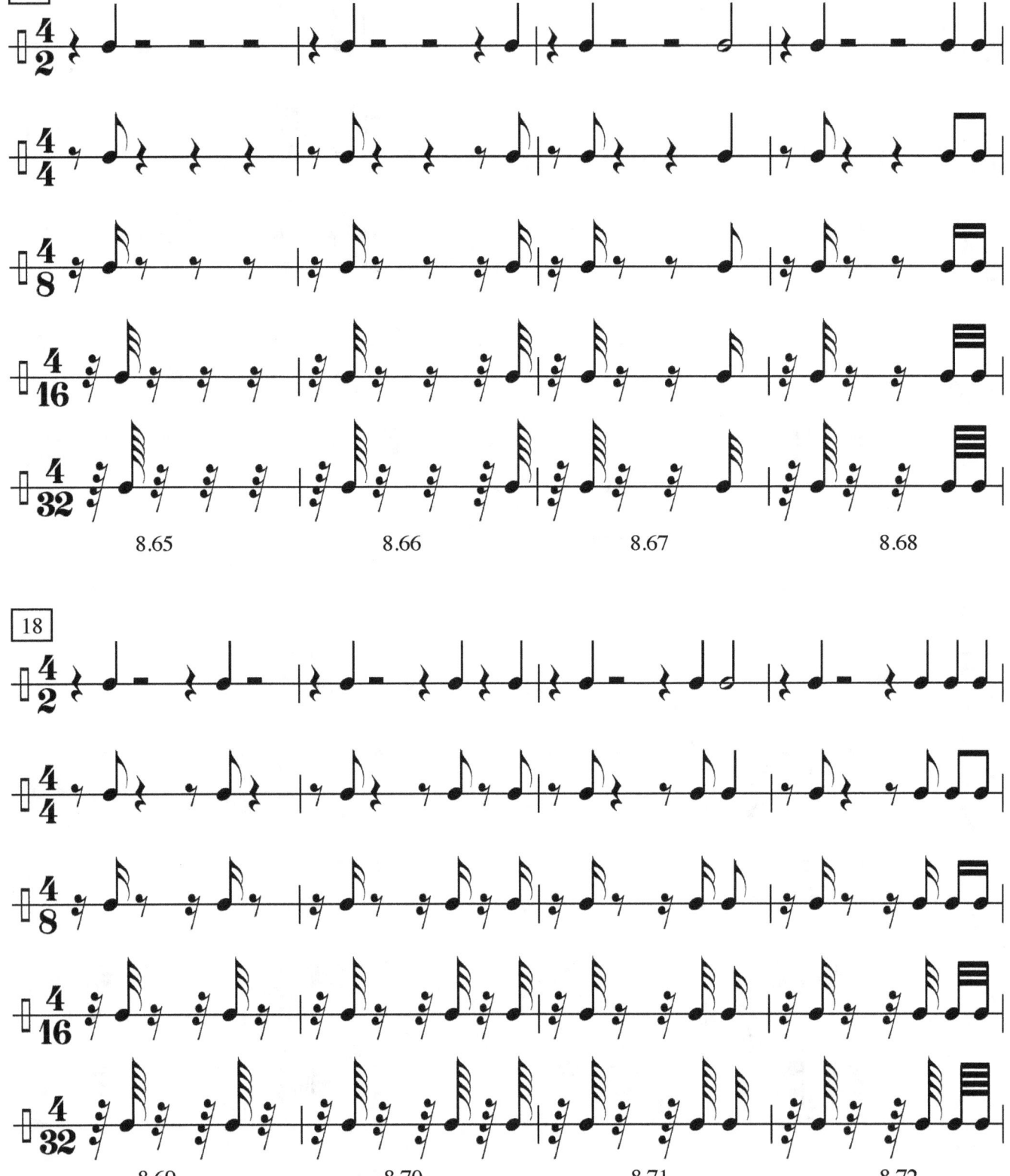

Level 8 Event Point Patterns (cont'd)
Beat Division Level

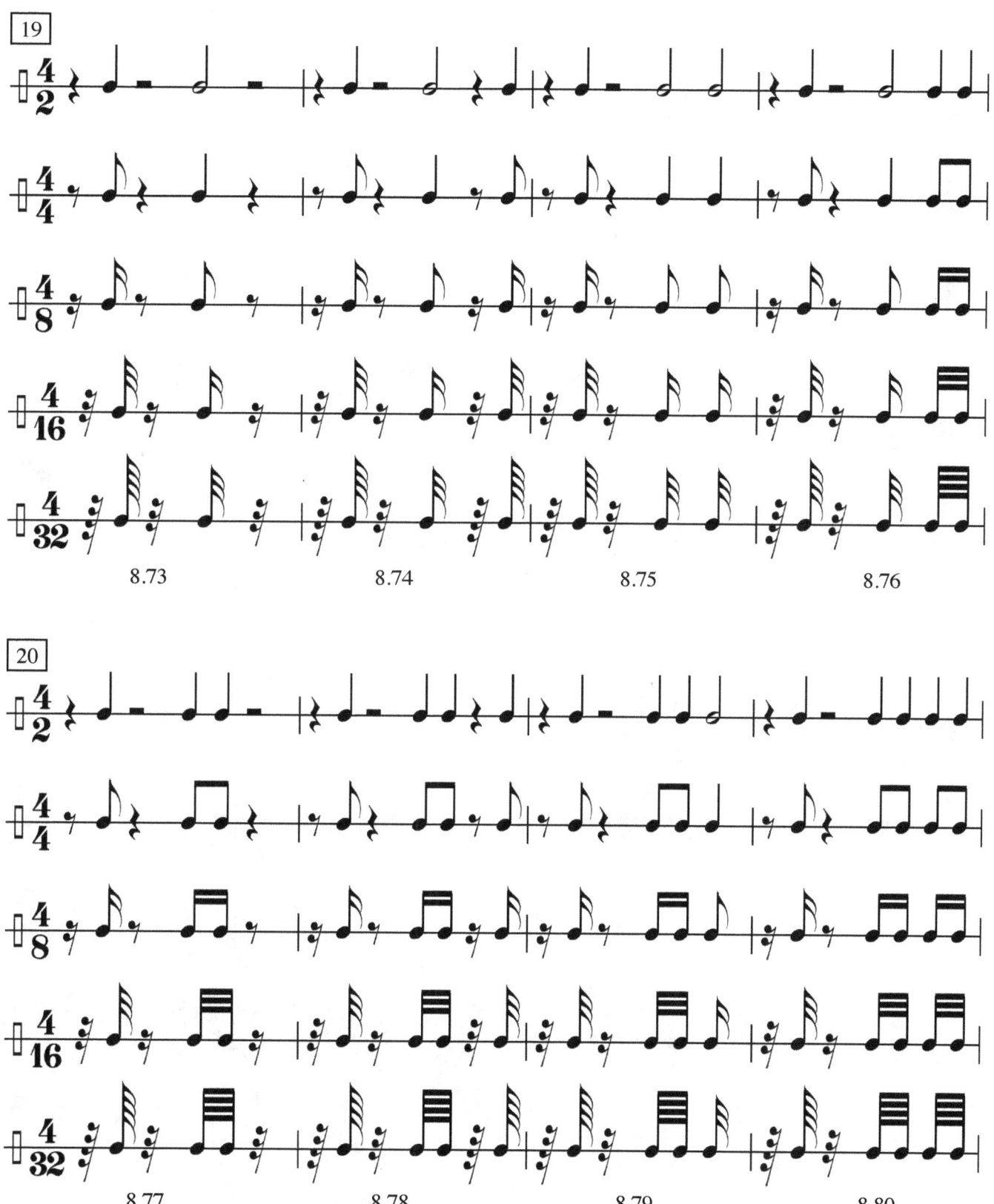

Level 8 Event Point Patterns (cont'd)
Beat Division Level

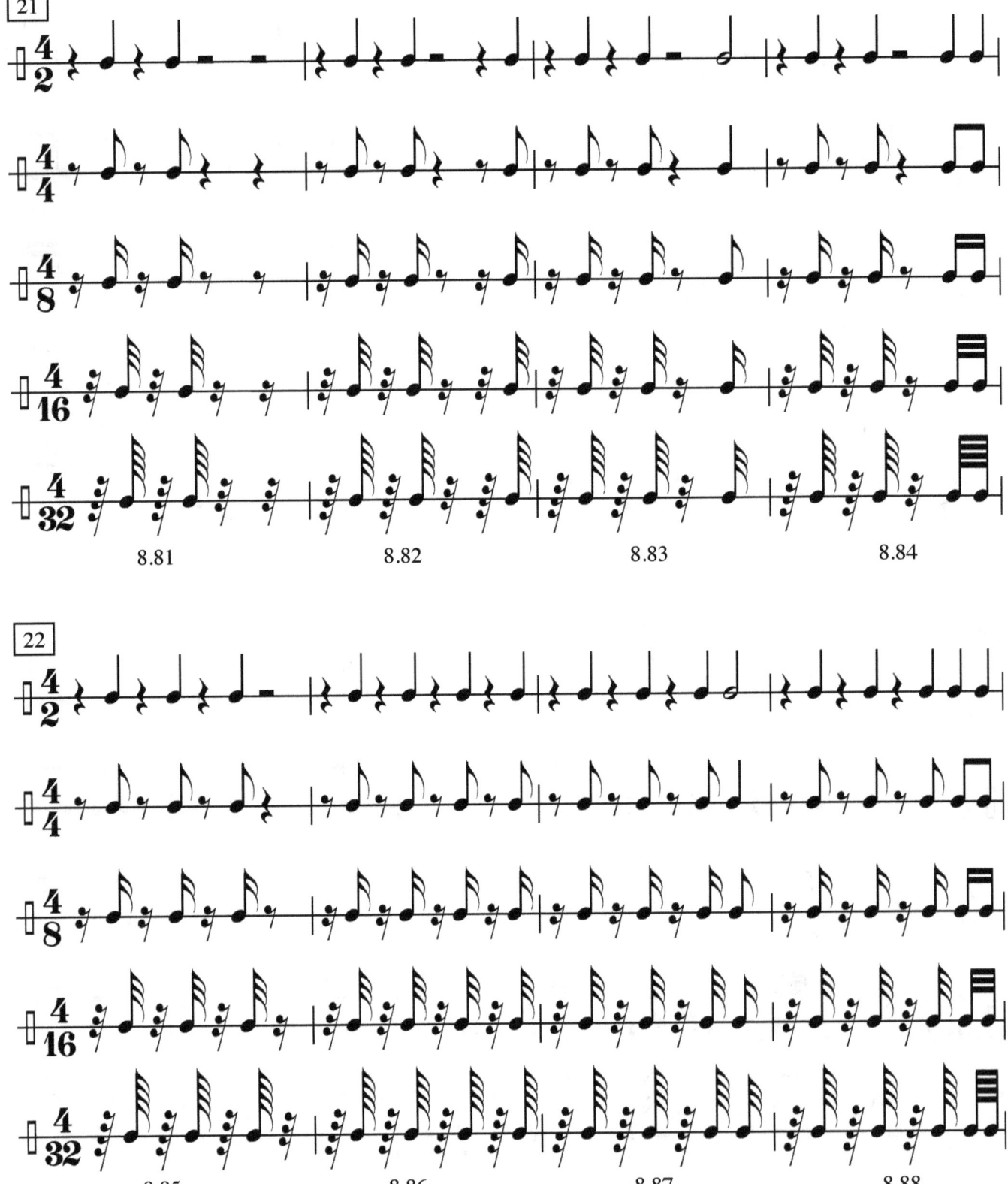

Level 8 Event Point Patterns (cont'd)
Beat Division Level

23

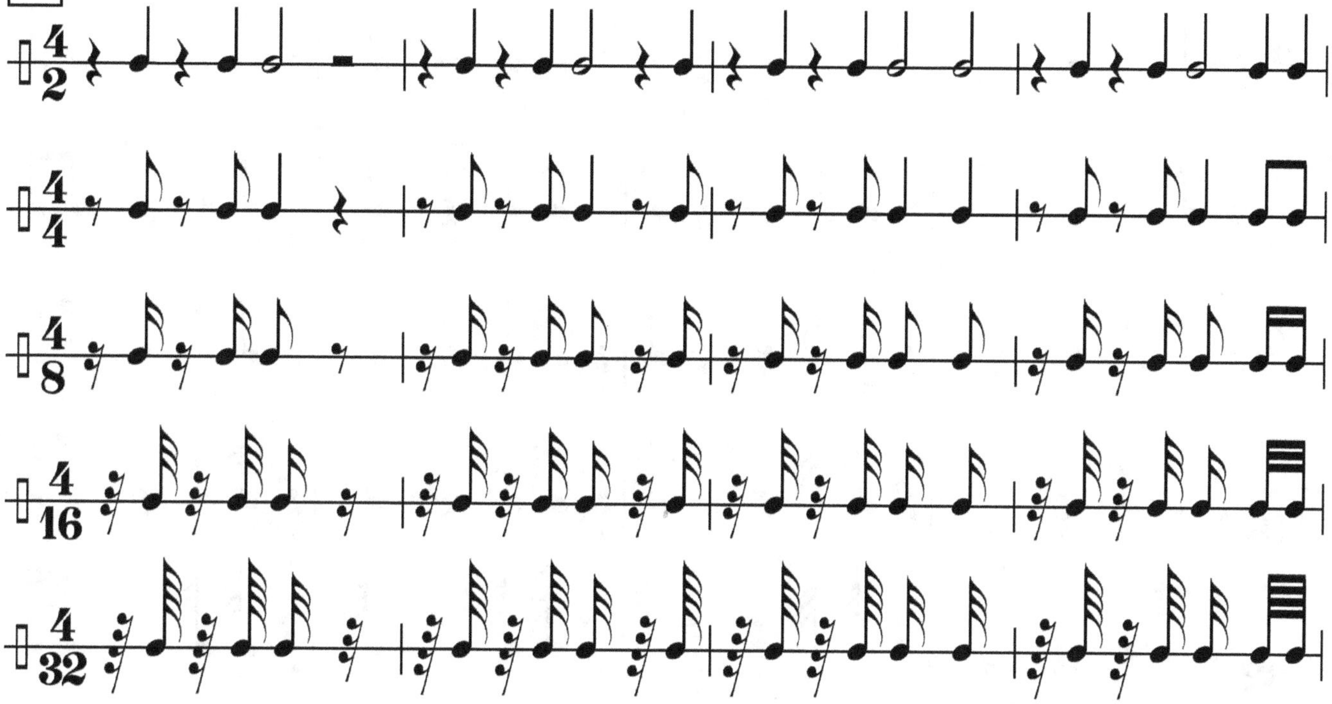

8.89 8.90 8.91 8.92

24

8.93 8.94 8.95 8.96

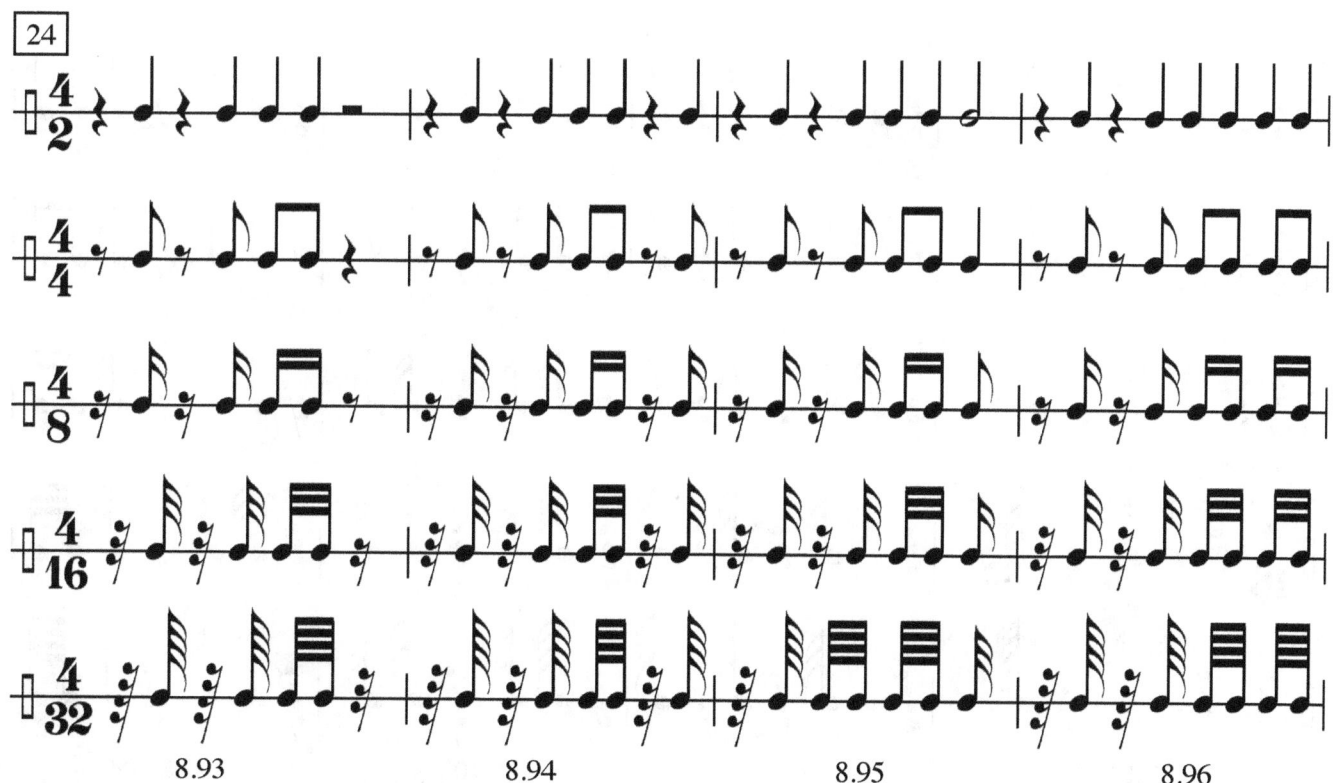

Level 8 Event Point Patterns (cont'd)
Beat Division Level

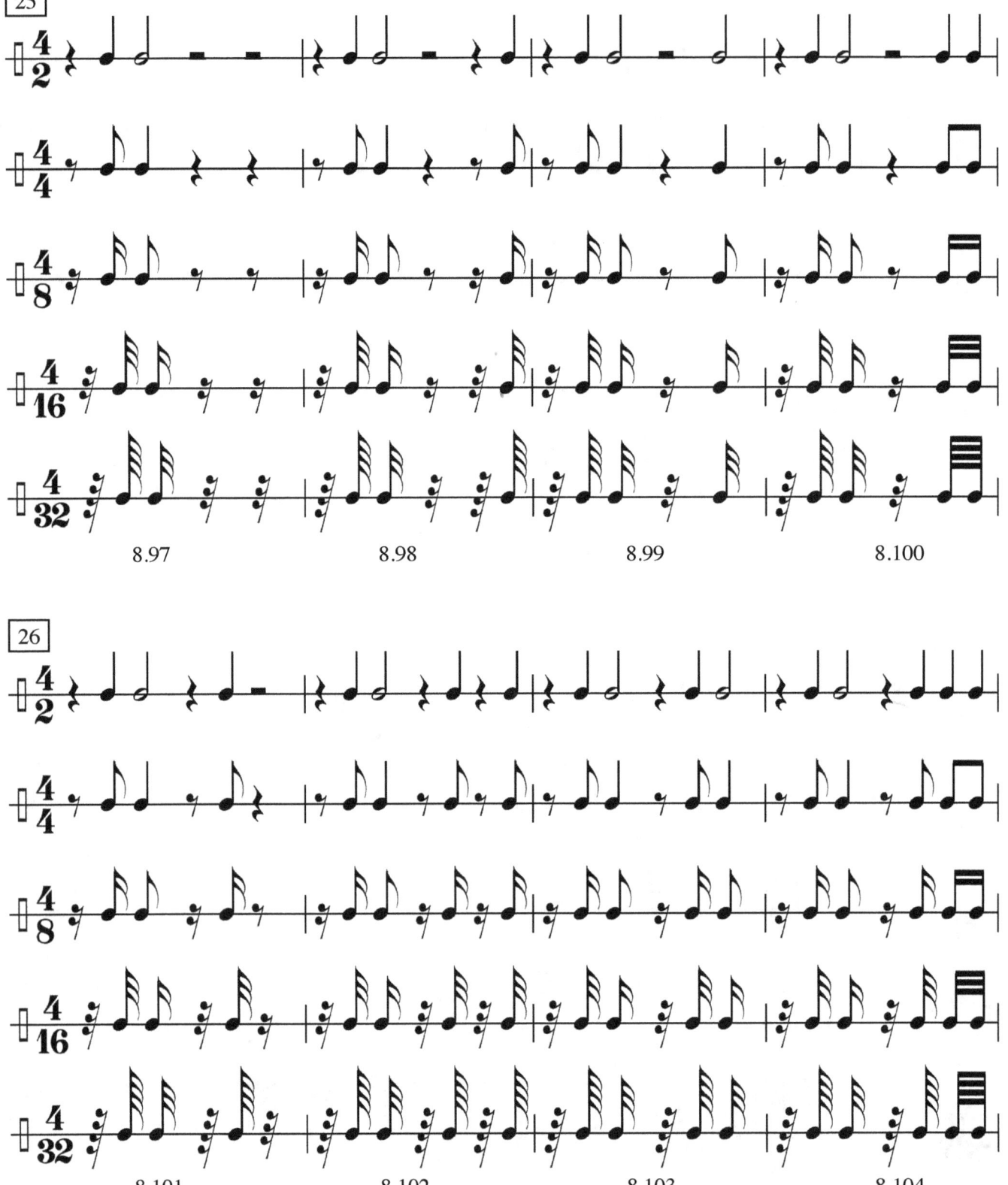

Level 8 Event Point Patterns (cont'd)
Beat Division Level

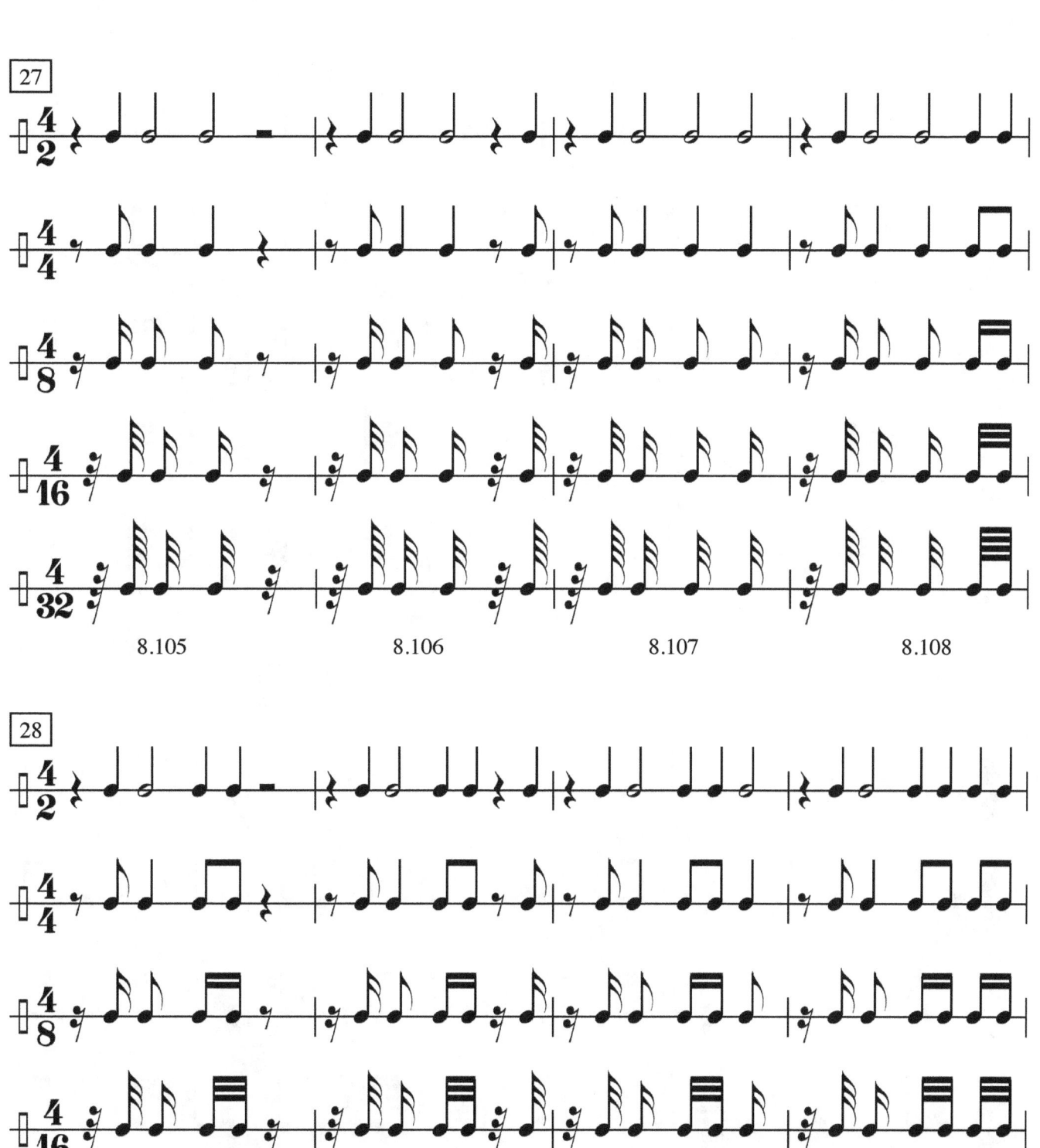

Level 8 Event Point Patterns (cont'd)
Beat Division Level

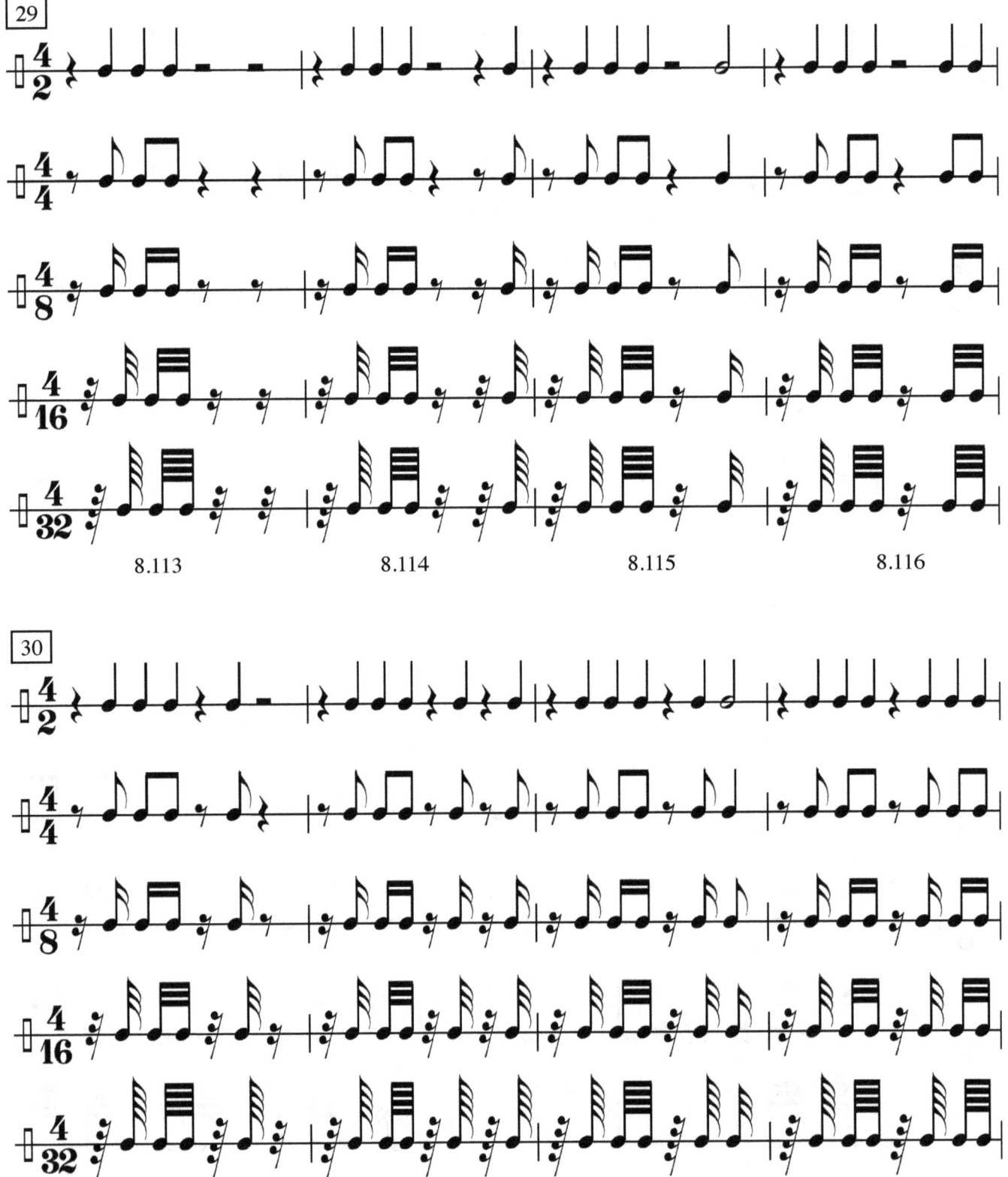

Level 8 Event Point Patterns (cont'd)
Beat Division Level

8.121 8.122 8.123 8.124

8.125 8.126 8.127 8.128

Level 8 Event Point Patterns (cont'd)
Beat Division Level

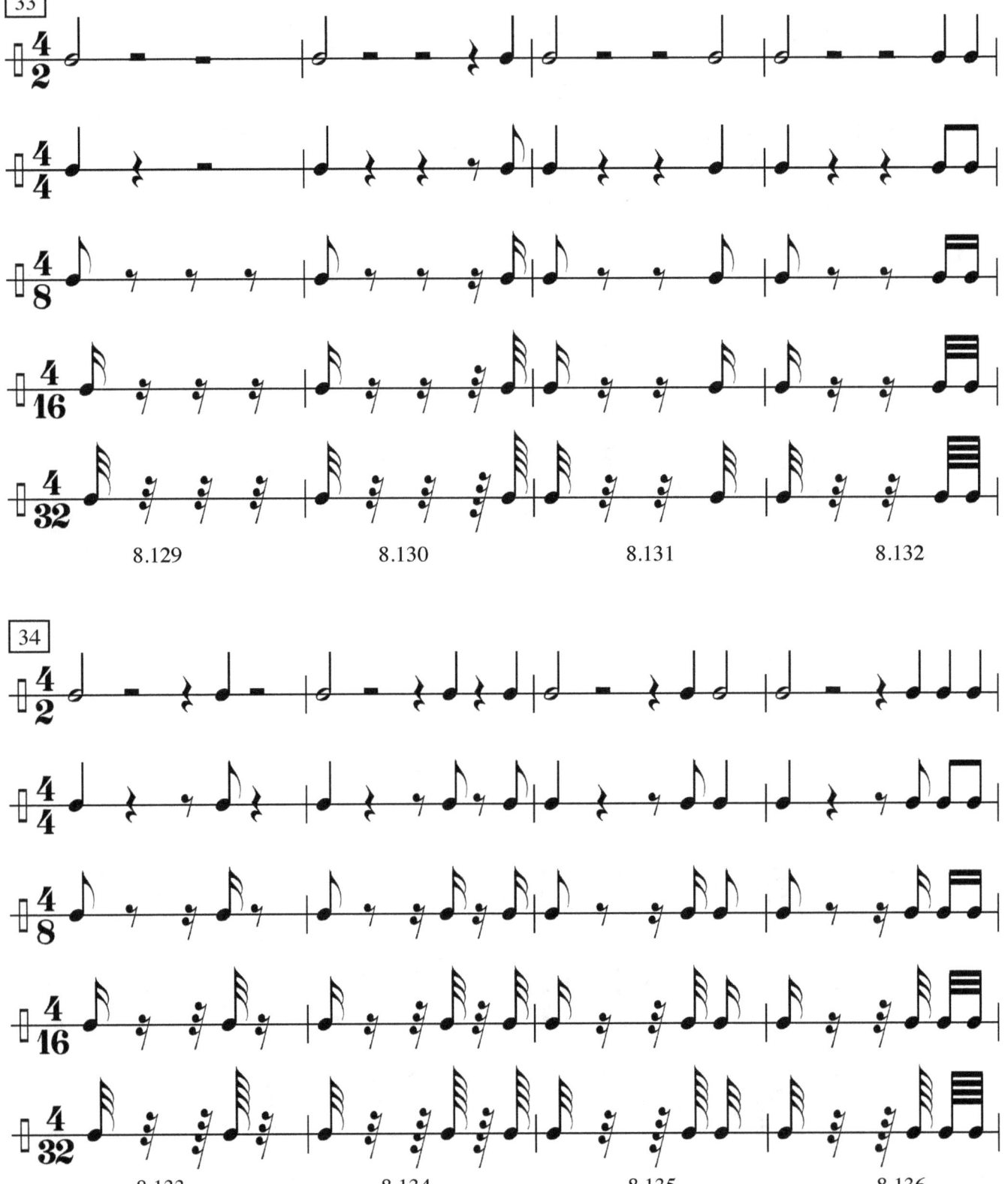

Level 8 Event Point Patterns (cont'd)
Beat Division Level

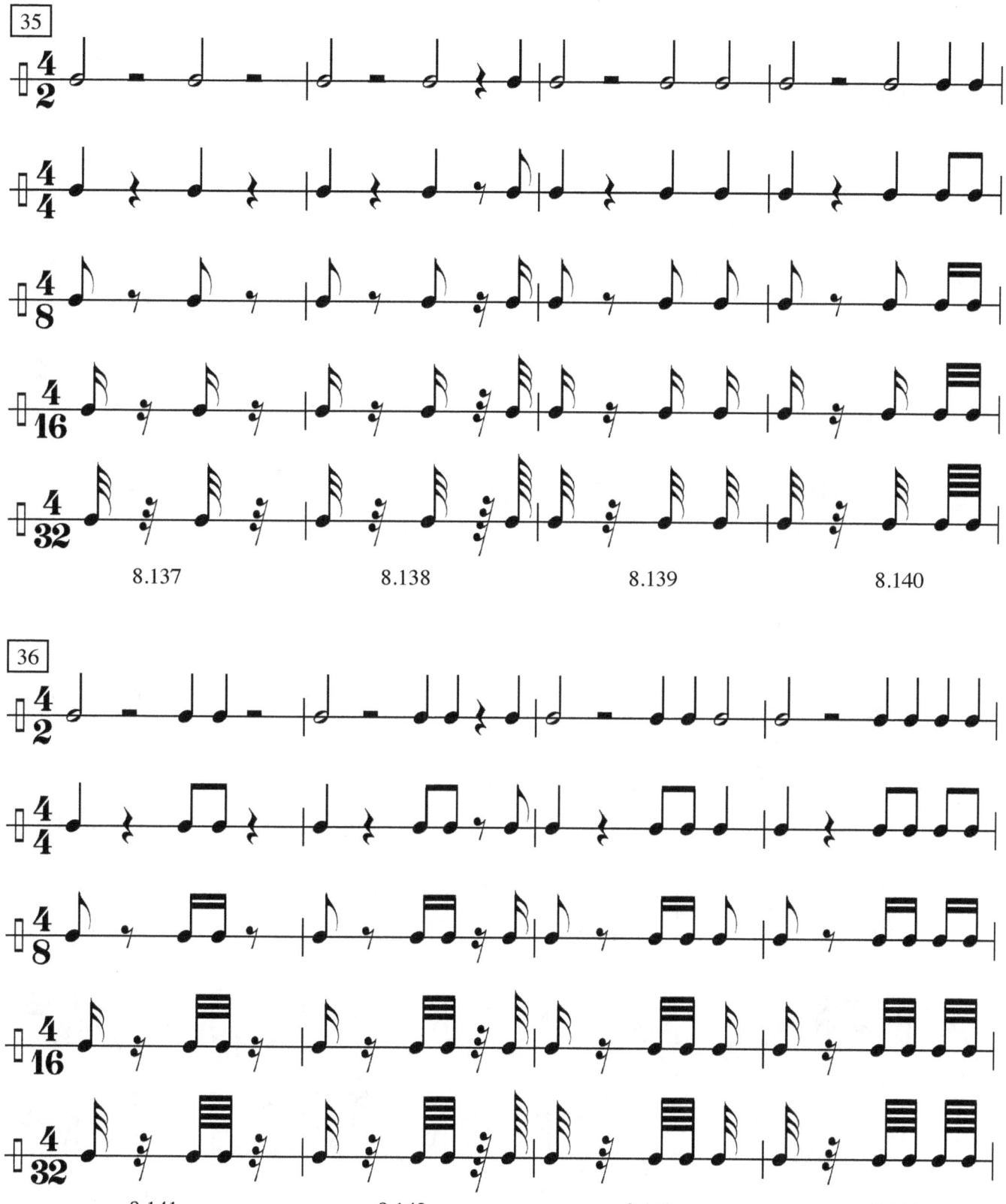

Level 8 Event Point Patterns (cont'd)
Beat Division Level

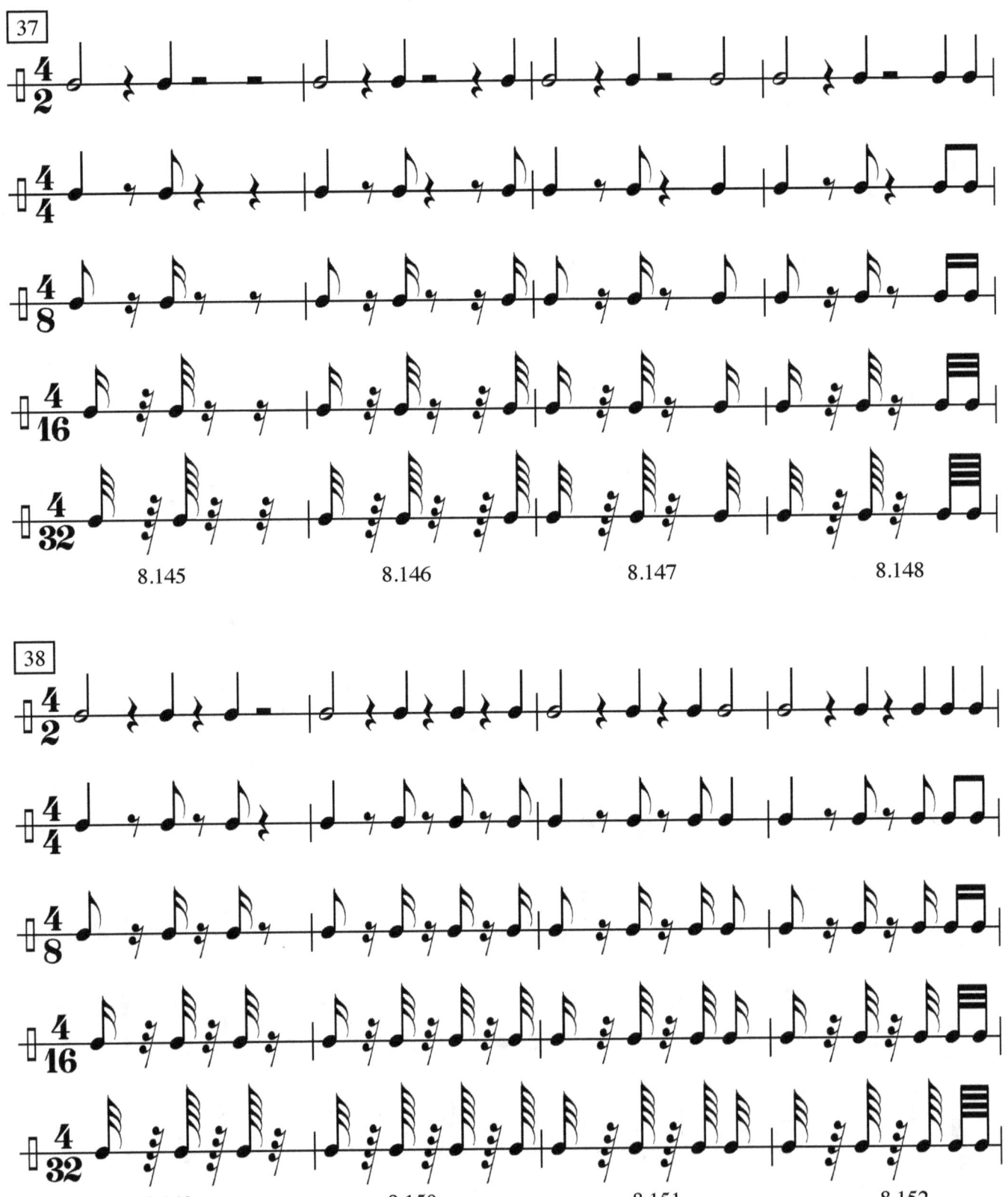

Level 8 Event Point Patterns (cont'd)
Beat Division Level

39

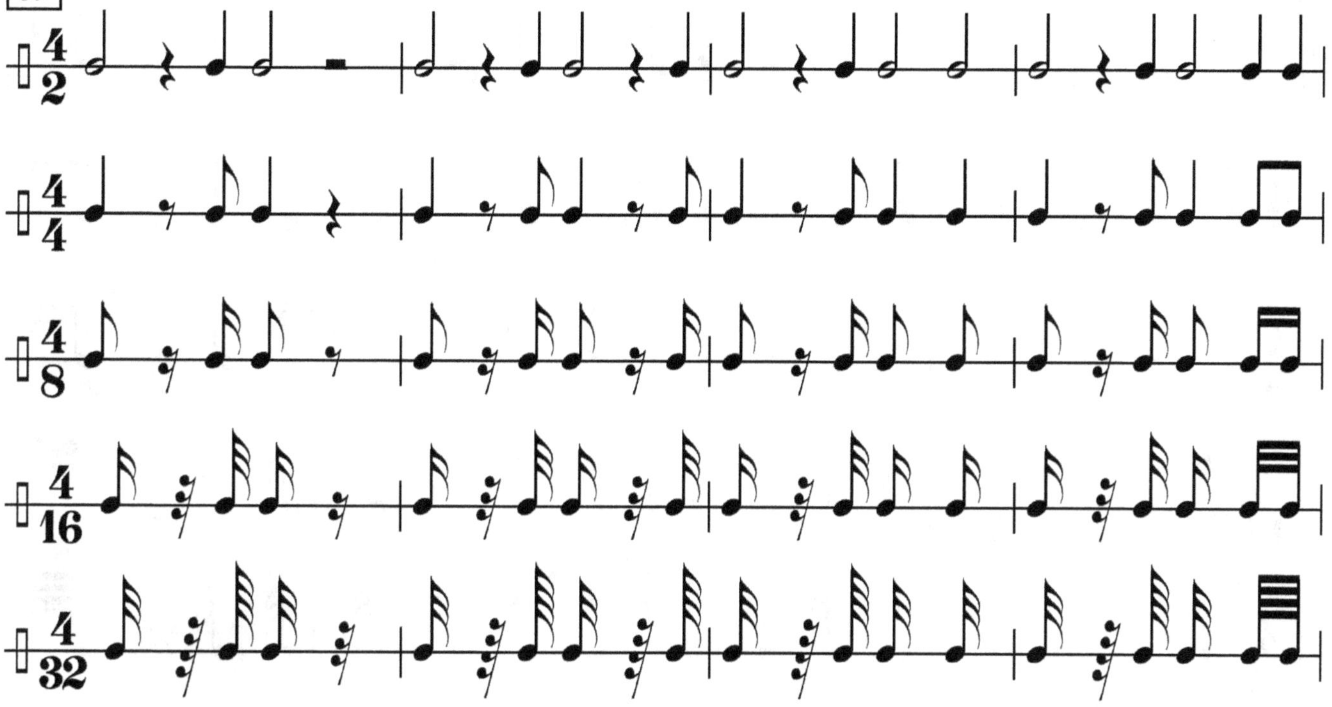

8.153 8.154 8.155 8.156

40

8.157 8.158 8.159 8.160

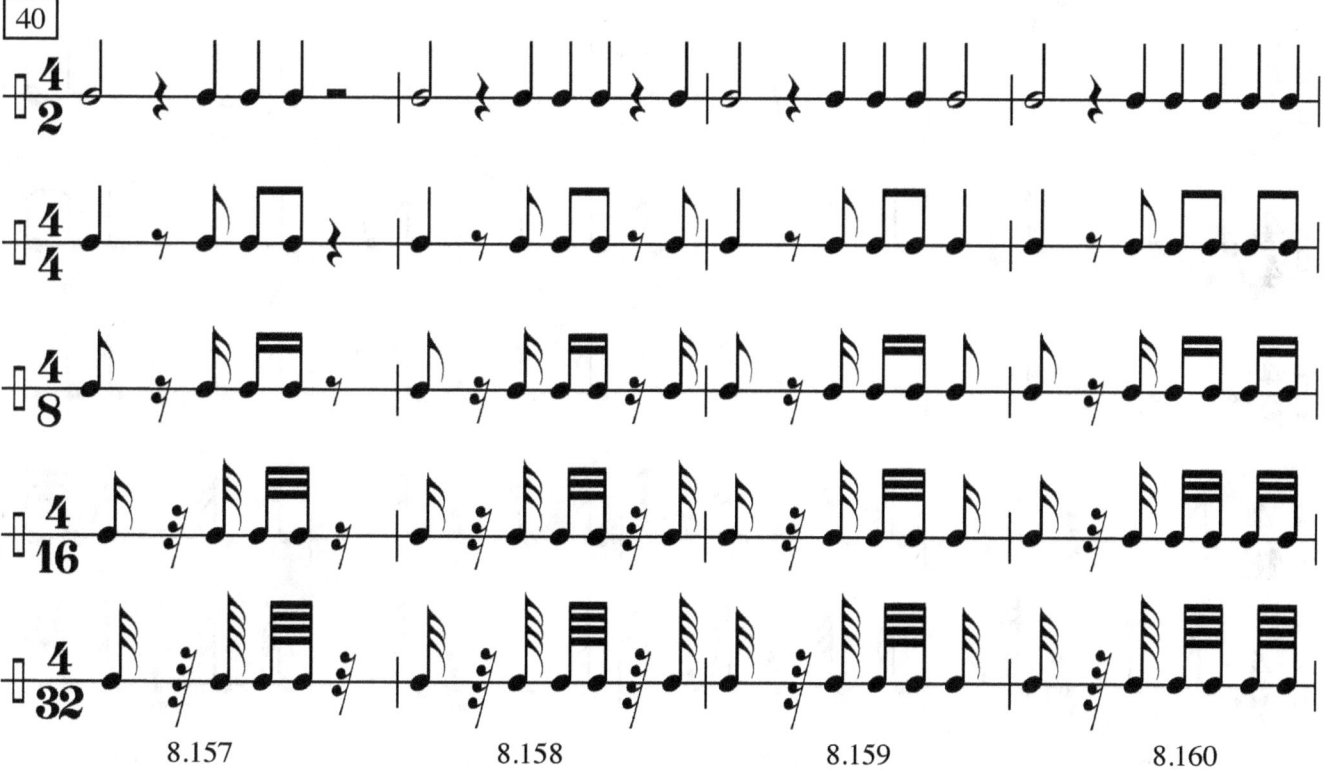

Level 8 Event Point Patterns (cont'd)
Beat Division Level

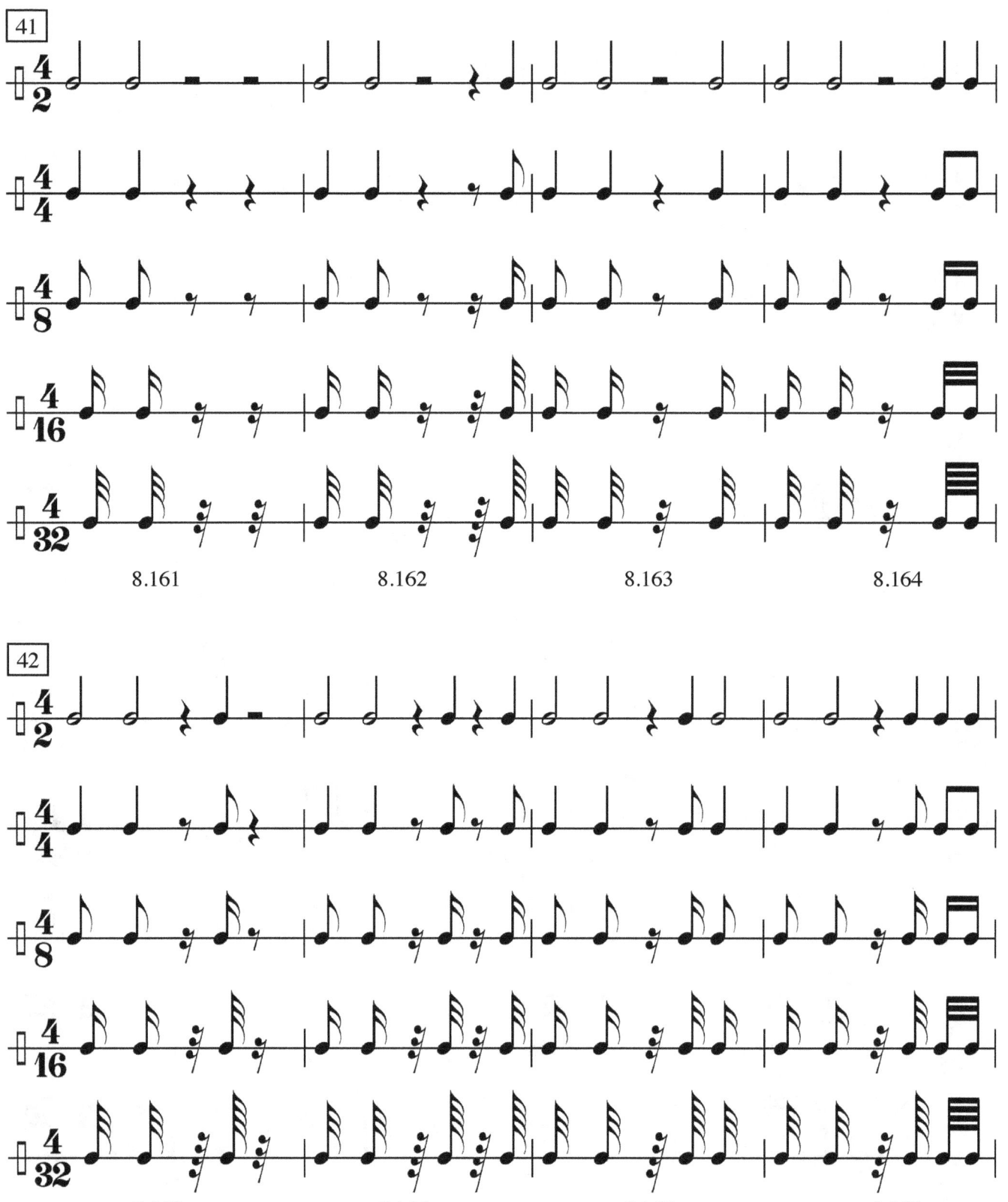

Level 8 Event Point Patterns (cont'd)
Beat Division Level

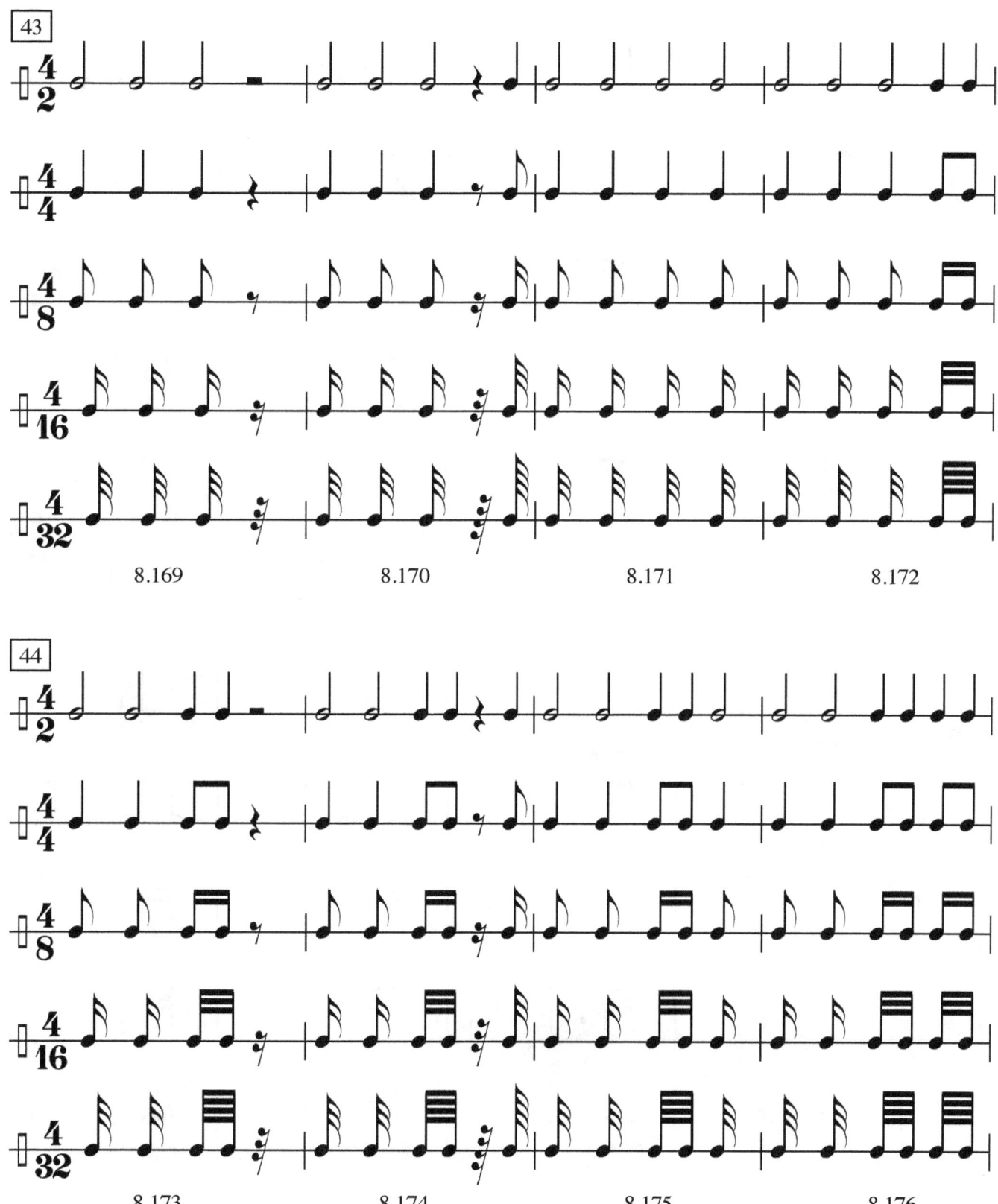

Level 8 Event Point Patterns (cont'd)
Beat Division Level

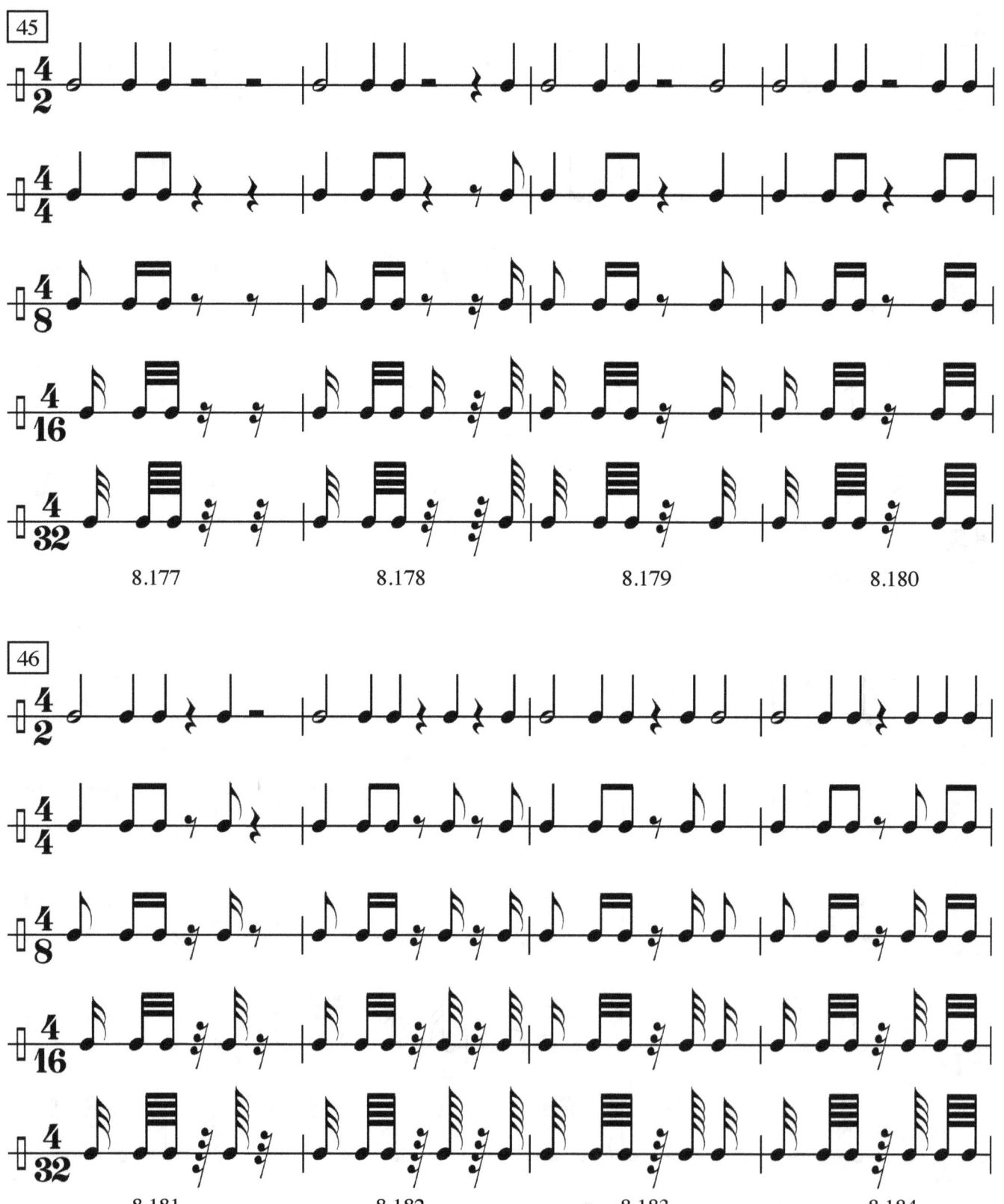

Level 8 Event Point Patterns (cont'd)
Beat Division Level

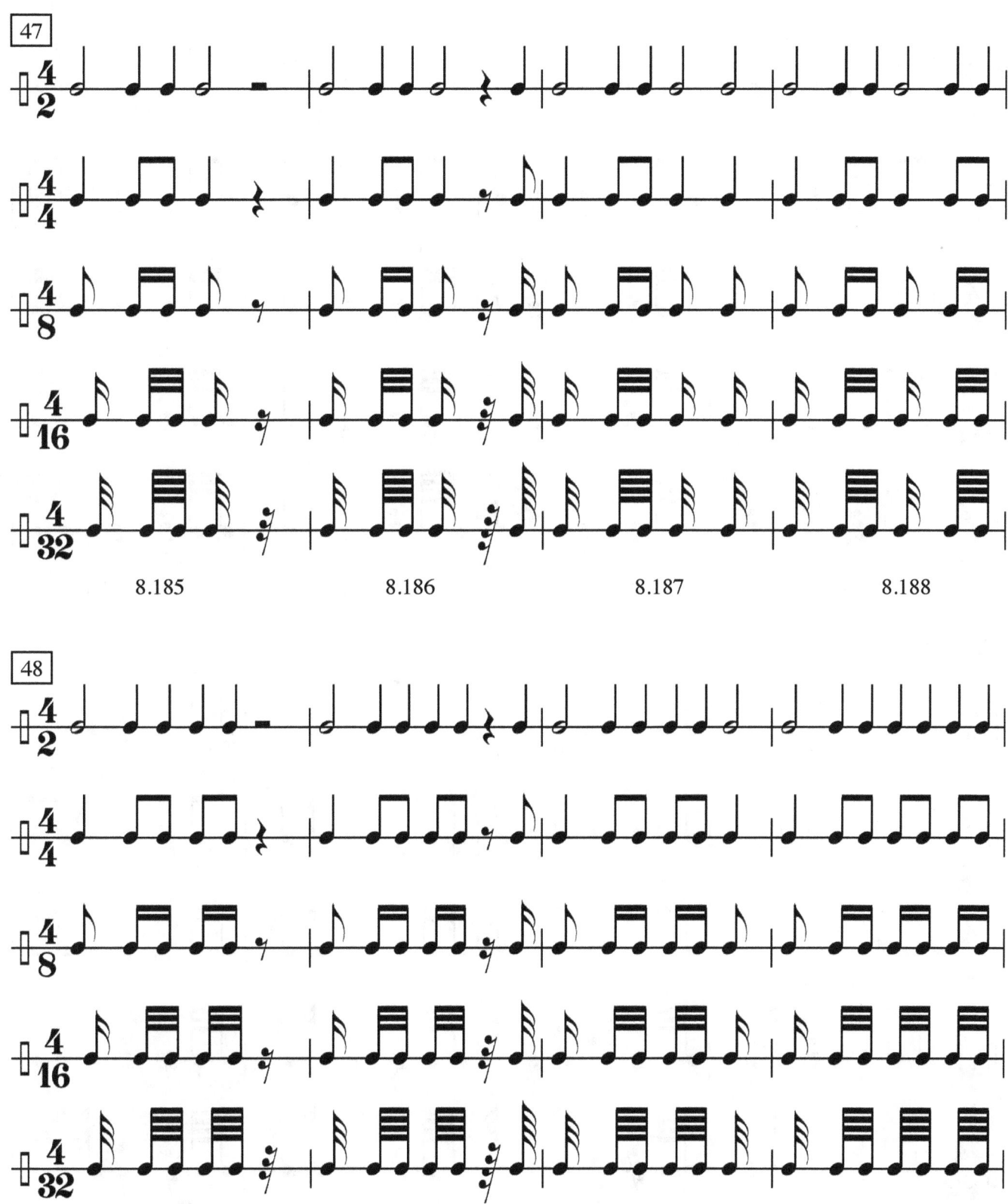

Level 8 Event Point Patterns (cont'd)
Beat Division Level

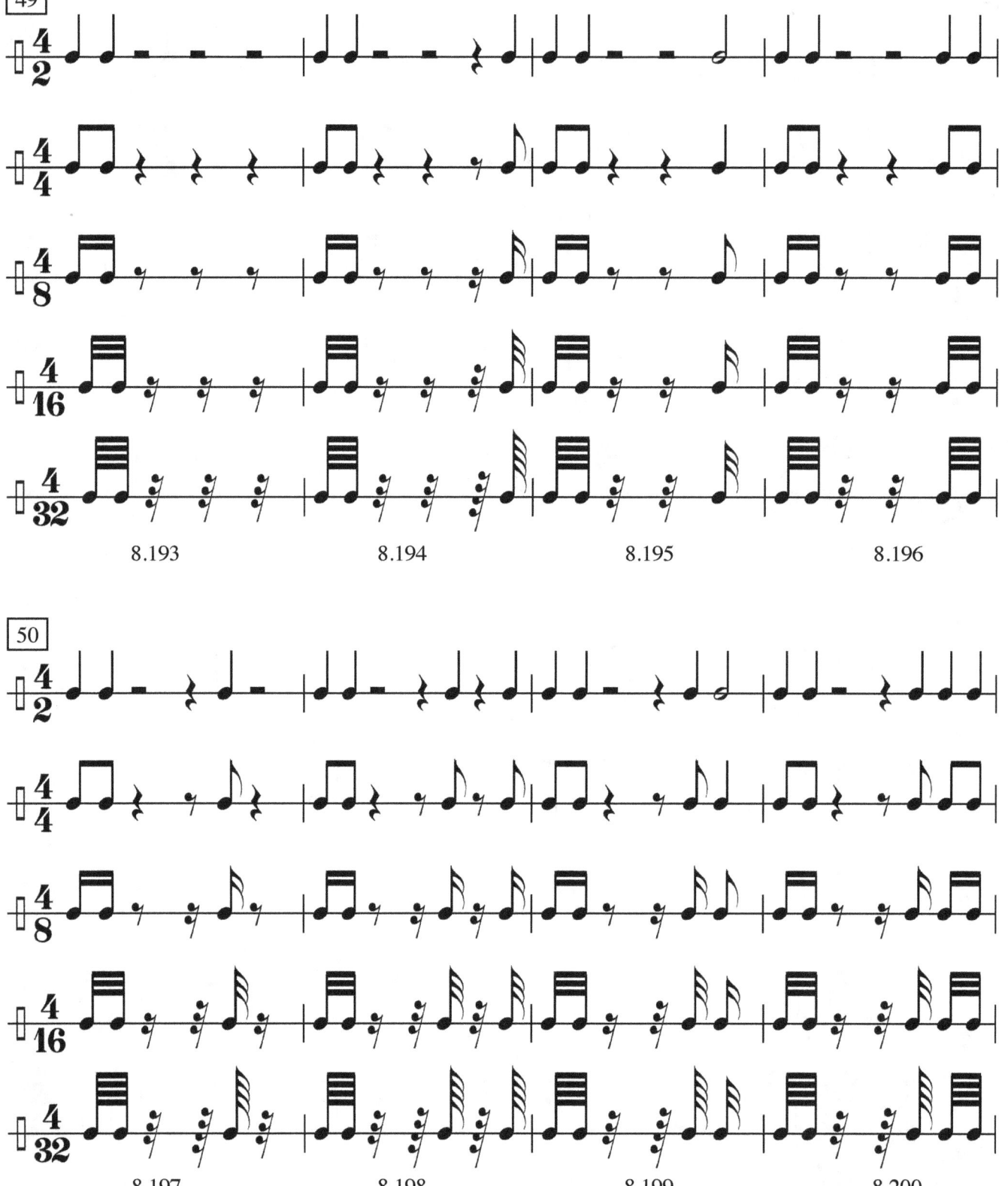

Level 8 Event Point Patterns (cont'd)
Beat Division Level

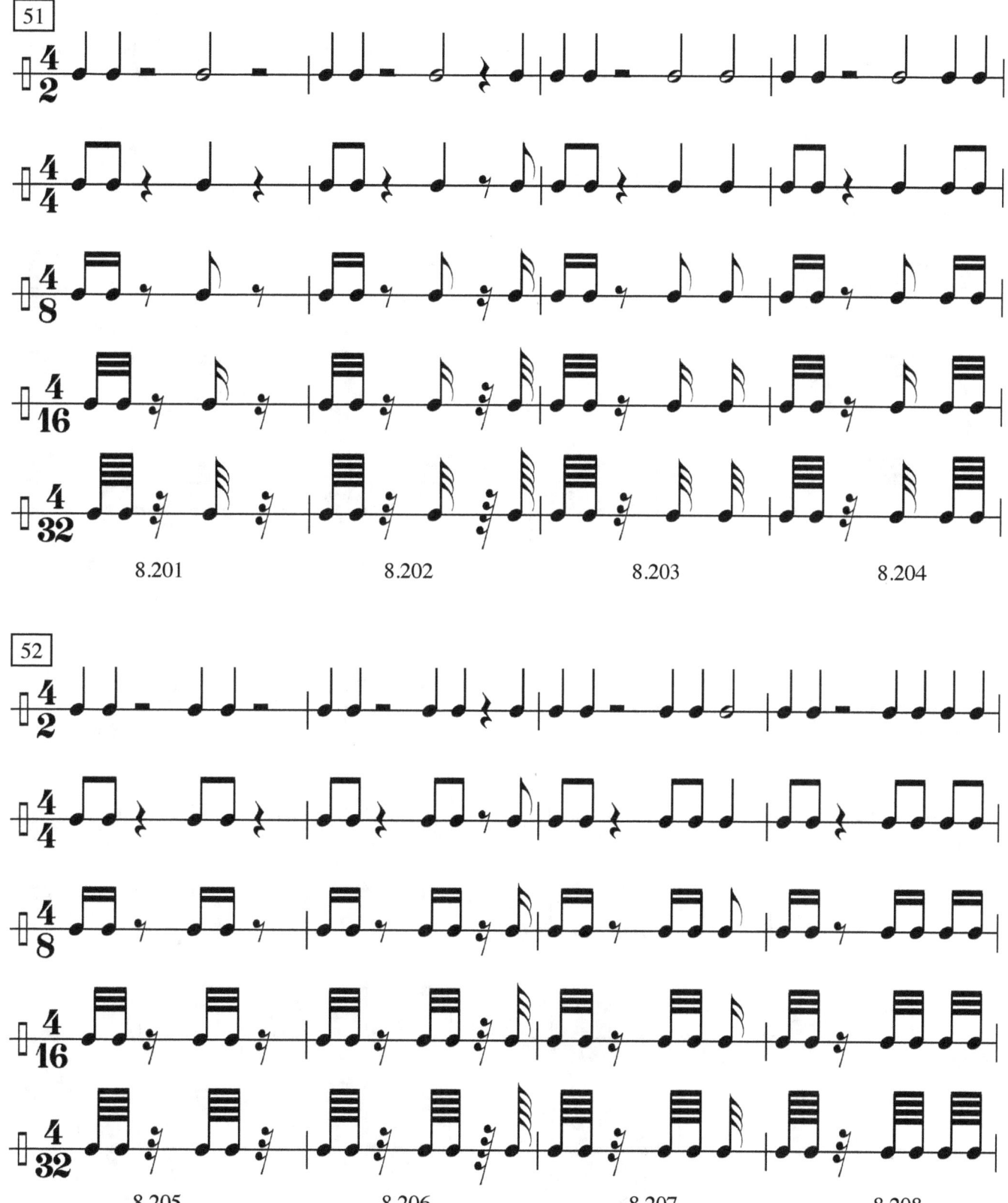

Level 8 Event Point Patterns (cont'd)
Beat Division Level

Level 8 Event Point Patterns (cont'd)
Beat Division Level

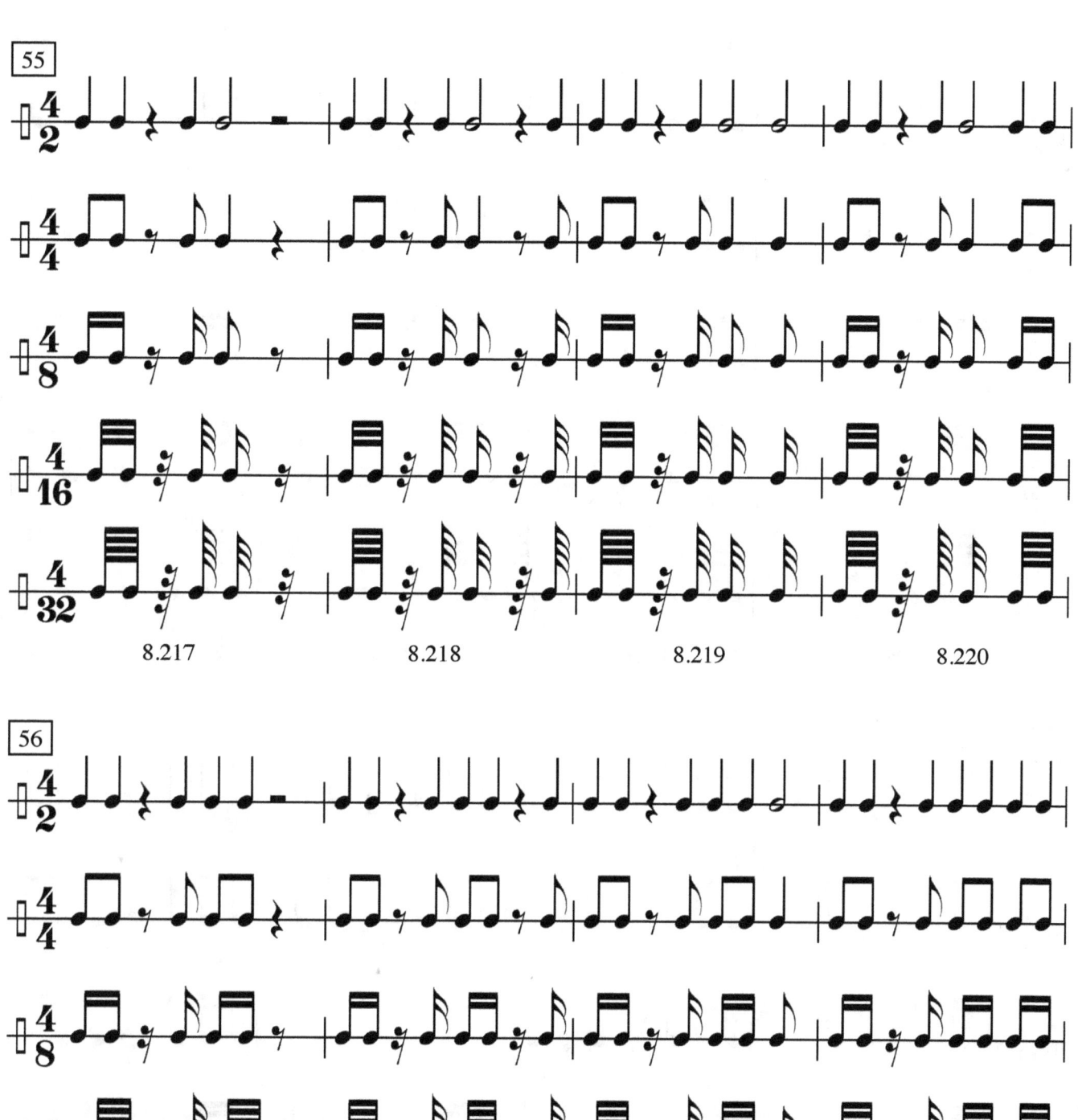

Level 8 Event Point Patterns (cont'd)
Beat Division Level

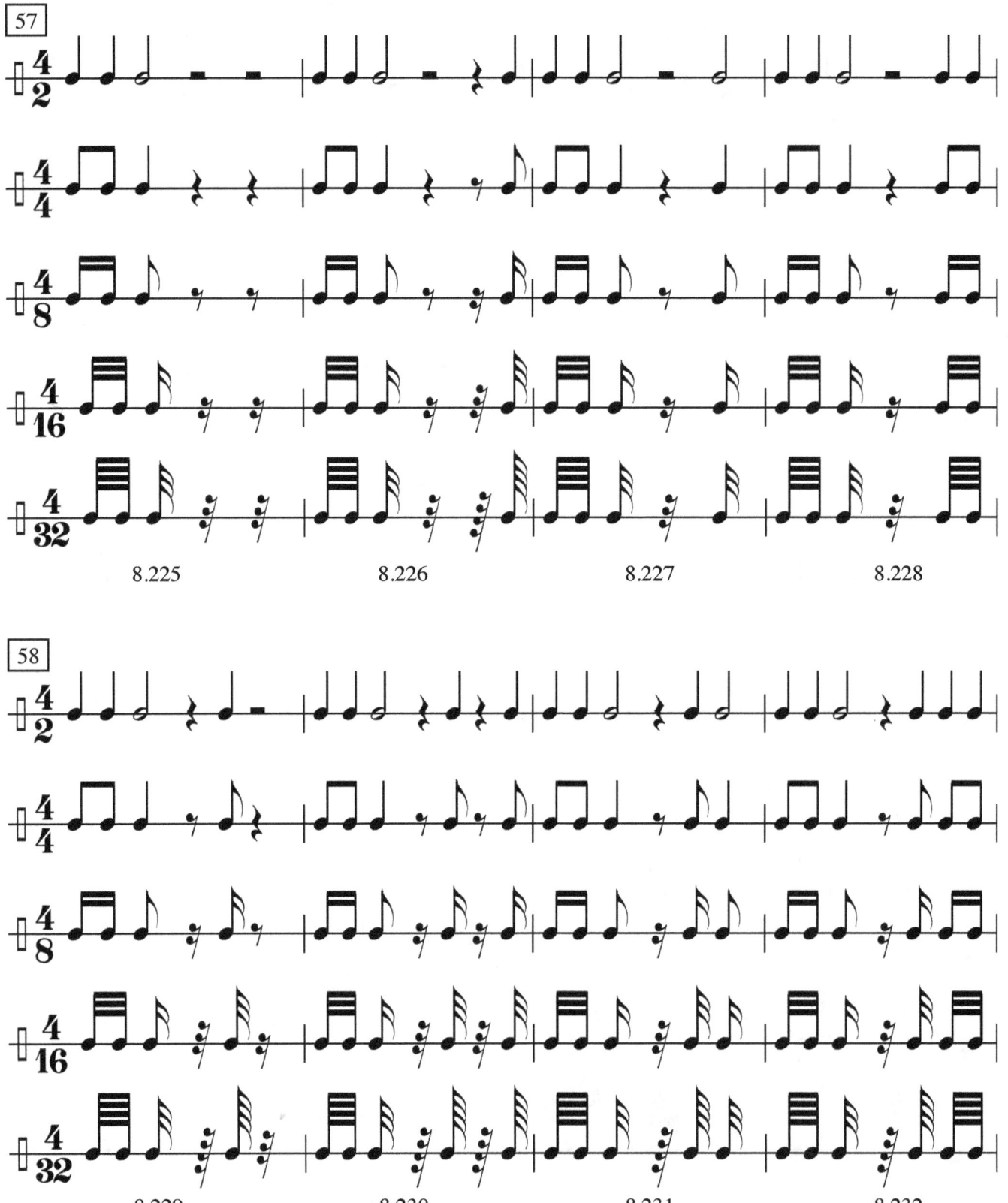

Level 8 Event Point Patterns (cont'd)
Beat Division Level

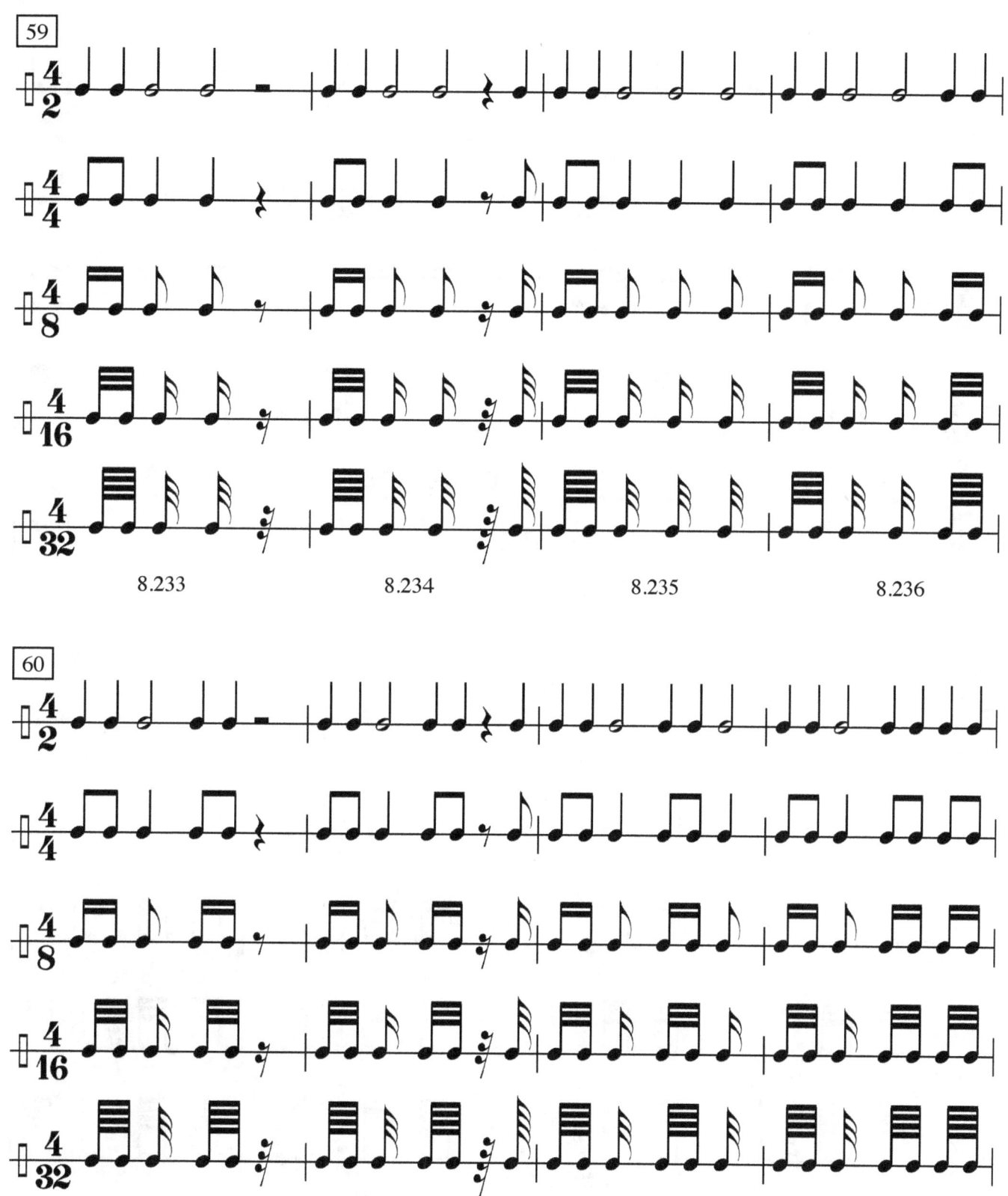

Level 8 Event Point Patterns (cont'd)
Beat Division Level

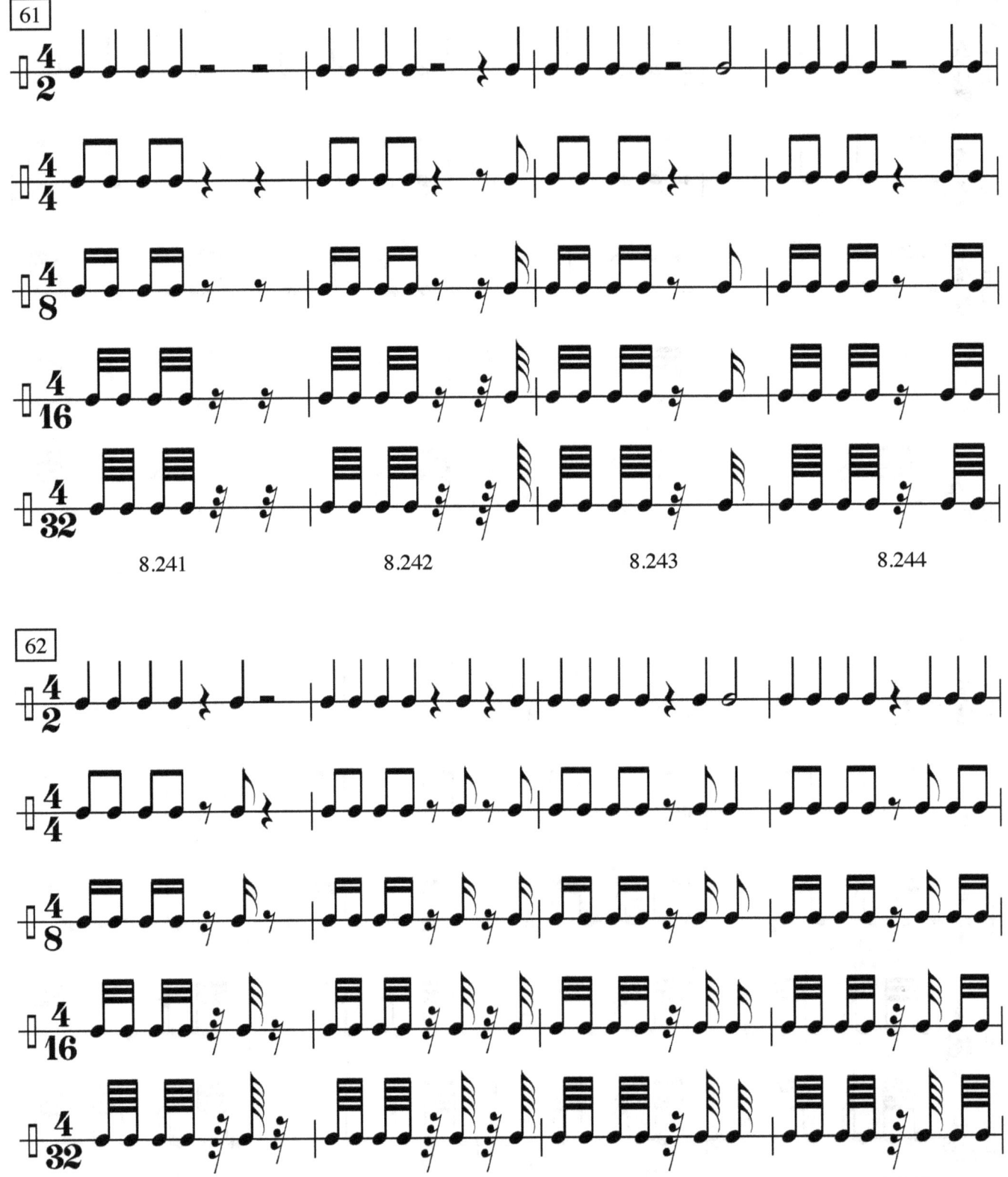

Level 8 Event Point Patterns (cont'd)
Beat Division Level

8.249 8.250 8.251 8.252

8.253 8.254 8.255 8.256

Level 8 Event Point Patterns
Beat Subdivision Level

In this section, we will:

- count and play the fundamental rest/note pattern possibilities for Event Point Level 8 at the Beat Subdivision level

The patterns will occur in the following metric contexts:

- 2/2
- 2/4
- 2/8
- 2/16

We'll be using four different beat note values, but the patterns in each metric context will occur at exactly the same tempo and will be counted with **two** sets of syllables.

Readers will also notice the use of dotted notes. They are used to relieve the congestion of rests and improve the patterns' readability for practice purposes.

Level 8 Event Point Patterns
Counting Syllable Tables
Beat Subdivision Level

Music teachers and self-study musicians can use the Counting Syllable Tables on pp. 128-131 to teach and study the absolute Beat Subdivision sound shapes for Event Point Level 8. These tables are especially useful for young and beginning readers.

The **bolded/underlined** syllables are sounded, while the others remain silent. The sounded syllables may be clapped, tapped or counted aloud.

Each group of syllables are numbered, and they match the corresponding numbered multi-stave measures on pp. 134-165. When playing these music notation patterns, count them as described on p. 133.

The counting syllables are not difficult to perform, but if you want to make them more interesting, **visualize** the notation associated with them. Use half, quarter, eighth, and sixteenth notes as the beat note values. Even if you only do this for a few examples, you will be strengthening an aspect of musicality not often explored.

Level 8 Event Point Patterns
Beat Subdivision Counting Syllables

1. 1 e + uh 2 e + uh   1 e + uh 2 e + **uh**   1 e + uh 2 **e +** uh   1 e + uh 2 **e +** **uh**

2. 1 e + uh 2 **e** + uh   1 e + uh 2 **e** + **uh**   1 e + uh 2 **e +** uh   1 e + uh 2 **e +** **uh**

3. 1 e + uh **2** e + uh   1 e + uh **2** e + **uh**   1 e + uh **2 e +** uh   1 e + uh **2 e +** **uh**

4. 1 e + uh **2 e** + uh   1 e + uh **2 e** + **uh**   1 e + uh **2 e +** uh   1 e + uh **2 e + uh**

5. 1 e + **uh** 2 e + uh   1 e + **uh** 2 e + **uh**   1 e + **uh** 2 **e +** uh   1 e + **uh** 2 **e +** uh

6. 1 e + **uh** 2 **e** + uh   1 e + **uh** 2 **e** + **uh**   1 e + **uh** 2 **e +** uh   1 e + **uh** 2 **e +** **uh**

7. 1 e + **uh 2** e + uh   1 e + **uh 2** e + **uh**   1 e + **uh 2 e +** uh   1 e + **uh 2 e +** **uh**

8. 1 e + **uh 2 e** + uh   1 e + **uh 2 e** + **uh**   1 e + **uh 2 e +** uh   1 e + **uh 2 e +** **uh**

9. 1 e **+** uh 2 e + uh   1 e **+** uh 2 e + **uh**   1 e **+** uh 2 **e +** uh   1 e **+** uh 2 **e +** **uh**

10. 1 e **+** uh 2 **e** + uh   1 e **+** uh 2 **e** + **uh**   1 e **+** uh 2 **e +** uh   1 e **+** uh 2 **e + uh**

11. 1 e **+** uh **2** e + uh   1 e **+** uh **2** e + **uh**   1 e **+** uh **2 e +** uh   1 e **+** uh **2 e + uh**

12. 1 e **+** uh **2 e** + uh   1 e **+** uh **2 e** + **uh**   1 e **+** uh **2 e +** uh   1 e **+** uh **2 e + uh**

13. 1 e **+ uh** 2 e + uh   1 e **+ uh** 2 e + **uh**   1 e **+ uh** 2 **e +** uh   1 e **+ uh** 2 **e + uh**

14. 1 e **+ uh** 2 **e** + uh   1 e **+ uh** 2 **e** + **uh**   1 e **+ uh** 2 **e +** uh   1 e **+ uh** 2 **e + uh**

15. 1 e **+ uh 2** e + uh   1 e **+ uh 2** e + **uh**   1 e **+ uh 2 e +** uh   1 e **+ uh 2 e + uh**

16. 1 e **+ uh 2 e** + uh   1 e **+ uh 2 e** + **uh**   1 e **+ uh 2 e +** uh   1 e **+ uh 2 e + uh**

Level 8 Event Point Patterns (cont'd)
Beat Subdivision Counting Syllables

17	1 **e** + uh 2 e + uh	1 **e** + uh 2 e + **uh**	1 **e** + uh 2 e **+** uh	1 **e** + uh 2 e **+ uh**
18	1 **e** + uh 2 **e** + uh	1 **e** + uh 2 **e + uh**	1 **e** + uh 2 **e +** uh	1 **e** + uh 2 **e + uh**

19	1 e + uh **2** e + uh	1 e + uh **2** e + **uh**	1 e + uh **2** e **+** uh	1 e + uh **2** e **+ uh**
20	1 **e** + uh **2 e** + uh	1 **e** + uh **2 e + uh**	1 **e** + uh **2 e +** uh	1 **e** + uh **2 e + uh**

21	1 **e + uh** 2 e + uh	1 **e + uh** 2 e + **uh**	1 **e + uh** 2 e **+** uh	1 **e + uh** 2 e **+ uh**
22	1 **e + uh** 2 **e** + uh	1 **e + uh** 2 **e + uh**	1 **e + uh** 2 **e +** uh	1 **e + uh** 2 **e + uh**

23	1 e **+ uh 2** e + uh	1 e **+ uh 2** e + **uh**	1 e **+ uh 2** e **+** uh	1 e **+ uh 2** e **+ uh**
24	1 **e + uh 2 e** + uh	1 **e + uh 2 e + uh**	1 **e + uh 2 e +** uh	1 **e + uh 2 e + uh**

25	1 **e +** uh 2 e + uh	1 **e +** uh 2 e + **uh**	1 **e +** uh 2 e **+** uh	1 **e +** uh 2 e **+ uh**
26	1 **e +** uh 2 **e** + uh	1 **e +** uh 2 **e + uh**	1 **e +** uh 2 **e +** uh	1 **e +** uh 2 **e + uh**

27	1 **e +** uh **2** e + uh	1 **e +** uh **2** e + **uh**	1 **e +** uh **2** e **+** uh	1 **e +** uh **2** e **+ uh**
28	1 **e +** uh **2 e** + uh	1 **e +** uh **2 e + uh**	1 **e +** uh **2 e +** uh	1 **e +** uh **2 e + uh**

29	1 **e + uh** 2 e + uh	1 **e + uh** 2 e + **uh**	1 **e + uh** 2 e **+** uh	1 **e + uh** 2 e **+ uh**
30	1 **e + uh** 2 **e** + uh	1 **e + uh** 2 **e + uh**	1 **e + uh** 2 **e +** uh	1 **e + uh** 2 **e + uh**

31	1 **e + uh 2** e + uh	1 **e + uh 2** e + **uh**	1 **e + uh 2** e **+** uh	1 **e + uh 2** e **+ uh**
32	1 **e + uh 2 e** + uh	1 **e + uh 2 e + uh**	1 **e + uh 2 e +** uh	1 **e + uh 2 e + uh**

Level 8 Event Point Patterns (cont'd)
Beat Subdivision Counting Syllables

[33] _1_ e + uh 2 e + uh   _1_ e + uh 2 e + **uh**   _1_ e + uh 2 e **+** uh   _1_ e + uh 2 e **+** **uh**

[34] _1_ e + uh 2 _e_ + uh   _1_ e + uh 2 _e_ + **uh**   _1_ e + uh 2 _e_ **+** uh   _1_ e + uh 2 _e_ **+** **uh**

[35] _1_ e + uh _2_ e + uh   _1_ e + uh _2_ e + **uh**   _1_ e + uh _2_ e **+** uh   _1_ e + uh _2_ e **+** **uh**

[36] _1_ e + uh _2_ _e_ + uh   _1_ e + uh _2_ _e_ + **uh**   _1_ e + uh _2_ _e_ **+** uh   _1_ e + uh _2_ _e_ **+** **uh**

[37] _1_ e + **uh** 2 e + uh   _1_ e + **uh** 2 e + **uh**   _1_ e + **uh** 2 e **+** uh   _1_ e + **uh** 2 e **+** **uh**

[38] _1_ e + **uh** 2 _e_ + uh   _1_ e + **uh** 2 _e_ + **uh**   _1_ e + **uh** 2 _e_ **+** uh   _1_ e + **uh** 2 _e_ **+** **uh**

[39] _1_ e + **uh** _2_ e + uh   _1_ e + **uh** _2_ e + **uh**   _1_ e + **uh** _2_ e **+** uh   _1_ e + **uh** _2_ e **+** **uh**

[40] _1_ e + **uh** _2_ _e_ + uh   _1_ e + **uh** _2_ _e_ + **uh**   _1_ e + **uh** _2_ _e_ **+** uh   _1_ e + **uh** _2_ _e_ **+** **uh**

[41] _1_ e **+** uh 2 e + uh   _1_ e **+** uh 2 e + **uh**   _1_ e **+** uh 2 e **+** uh   _1_ e **+** uh 2 e **+** **uh**

[42] _1_ e **+** uh 2 _e_ + uh   _1_ e **+** uh 2 _e_ + **uh**   _1_ e **+** uh 2 _e_ **+** uh   _1_ e **+** uh 2 _e_ **+** **uh**

[43] _1_ e **+** uh _2_ e + uh   _1_ e **+** uh _2_ e + **uh**   _1_ e **+** uh _2_ e **+** uh   _1_ e **+** uh _2_ e **+** **uh**

[44] _1_ e **+** uh _2_ _e_ + uh   _1_ e **+** uh _2_ _e_ + **uh**   _1_ e **+** uh _2_ _e_ **+** uh   _1_ e **+** uh _2_ _e_ **+** **uh**

[45] _1_ e **+** **uh** 2 e + uh   _1_ e **+** **uh** 2 e + **uh**   _1_ e **+** **uh** 2 e **+** uh   _1_ e **+** **uh** 2 e **+** **uh**

[46] _1_ e **+** **uh** 2 _e_ + uh   _1_ e **+** **uh** 2 _e_ + **uh**   _1_ e **+** **uh** 2 _e_ **+** uh   _1_ e **+** **uh** 2 _e_ **+** **uh**

[47] _1_ e **+** **uh** _2_ e + uh   _1_ e **+** **uh** _2_ e + **uh**   _1_ e **+** **uh** _2_ e **+** uh   _1_ e **+** **uh** _2_ e **+** **uh**

[48] _1_ e **+** **uh** _2_ _e_ + uh   _1_ e **+** **uh** _2_ _e_ + **uh**   _1_ e **+** **uh** _2_ _e_ **+** uh   _1_ e **+** **uh** _2_ _e_ **+** **uh**

Level 8 Event Point Patterns (cont'd)
Beat Subdivision Counting Syllables

[49] **1 e** + uh 2 e + uh   **1 e** + uh 2 e + **uh**   **1 e** + uh 2 e **+** uh   **1 e** + uh 2 e **+ uh**

[50] **1 e** + uh 2 **e** + uh   **1 e** + uh 2 **e** + **uh**   **1 e** + uh 2 **e + **uh   **1 e** + uh 2 **e** + **uh**

[51] **1 e** + uh **2 e** + uh   **1 e** + uh **2 e** + **uh**   **1 e** + uh **2 e +** uh   **1 e** + uh **2 e + uh**

[52] **1 e** + uh **2 e** + uh   **1 e** + uh **2 e** + **uh**   **1 e** + uh **2 e +** uh   **1 e** + uh **2 e** + **uh**

[53] **1 e + uh** 2 e + uh   **1 e + uh** 2 e + **uh**   **1 e + uh** 2 e **+** uh   **1 e + uh** 2 e + **uh**

[54] **1 e + uh** 2 e + uh   **1 e + uh** 2 e + **uh**   **1 e + uh** 2 e **+** uh   **1 e + uh** 2 e + **uh**

[55] **1 e + uh 2 e** + uh   **1 e + uh 2 e** + **uh**   **1 e + uh 2 e +** uh   **1 e + uh 2 e + uh**

[56] **1 e + uh 2 e** + uh   **1 e + uh 2 e** + **uh**   **1 e + uh 2 e +** uh   **1 e + uh 2 e + uh**

[57] **1 e +** uh 2 e + uh   **1 e +** uh 2 e + **uh**   **1 e +** uh 2 e **+** uh   **1 e +** uh 2 e **+ uh**

[58] **1 e +** uh 2 e + uh   **1 e +** uh 2 **e** + **uh**   **1 e +** uh 2 e **+** uh   **1 e +** uh 2 **e** + **uh**

[59] **1 e + **uh **2 e** + uh   **1 e +** uh **2 e** + **uh**   **1 e +** uh **2 e +** uh   **1 e +** uh **2 e + uh**

[60] **1 e +** uh **2 e** + uh   **1 e +** uh **2 e** + **uh**   **1 e +** uh **2 e +** uh   **1 e +** uh **2 e** + **uh**

[61] **1 e + uh** 2 e + uh   **1 e + uh** 2 e + **uh**   **1 e + uh** 2 e **+** uh   **1 e + uh** 2 e + **uh**

[62] **1 e + uh** 2 e + uh   **1 e + uh** 2 e + **uh**   **1 e + uh** 2 e **+** uh   **1 e + uh** 2 e + **uh**

[63] **1 e + uh 2 e** + uh   **1 e + uh 2 e** + **uh**   **1 e + uh 2 e +** uh   **1 e + uh 2 e + uh**

[64] **1 e + uh 2 e** + uh   **1 e + uh 2 e** + **uh**   **1 e + uh 2 e +** uh   **1 e + uh 2 e + uh**

(this page intentionally left blank)

Level 8 Event Point Pattens
Counting Syllable Exercises
Beat Subdivision Level

For the 2/2, 2/4, 2/8, 2/16 Beat Subdivision level measures on pp. 134-165, use the **Lateral** and **Vertical** practice methods discussed on pp. 14-15:

a. Read each measure, counting "1 e + uh 2 e + uh" sequentially

b. Read each measure, counting "1 + 2 + 3 + 4 +" sequentially and **disregard** the time signature.

Note: All measure groupings are identified using the Binary Rhythm Pattern Indexing System, introduced in The Elements of Rhythm Volume I. *This categorizing system helps organize the complete list of building block rhythm patterns.*

The numbers beneath the last vertical group of each measure indicate the Event Point Level at which the rhythm pattern occurs and the sequence in which it is generated.

For more information, please refer to The Elements of Rhythm Volume I, *page 30.*

Level 8 Event Point Patterns
Beat Subdivision Level

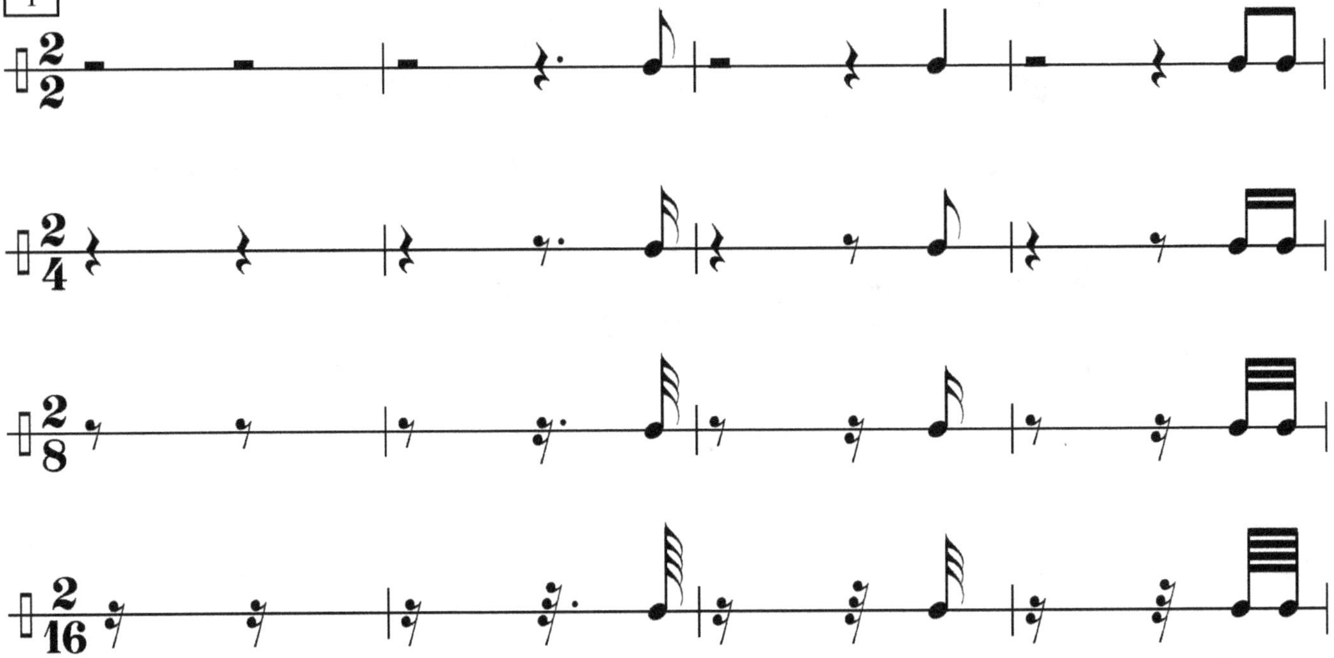

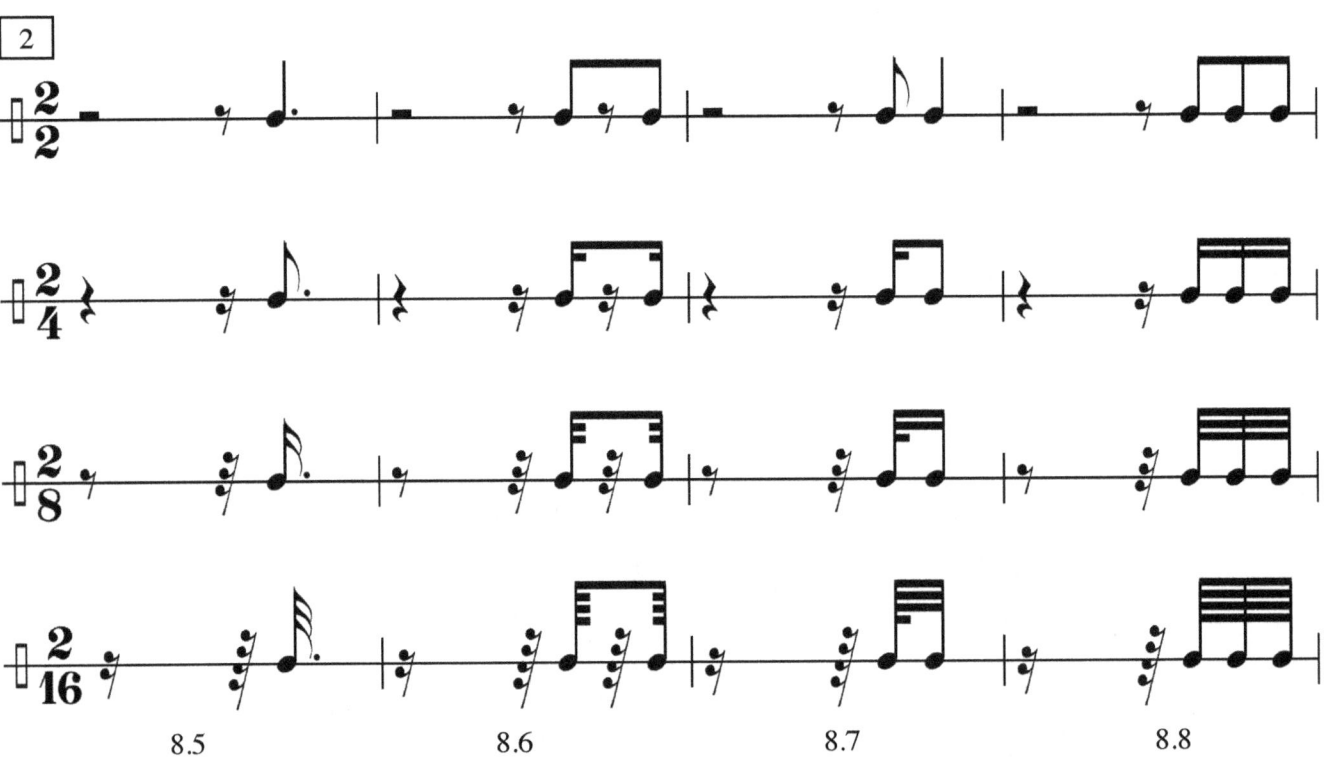

Level 8 Event Point Patterns (cont'd)
Beat Subdivision Level

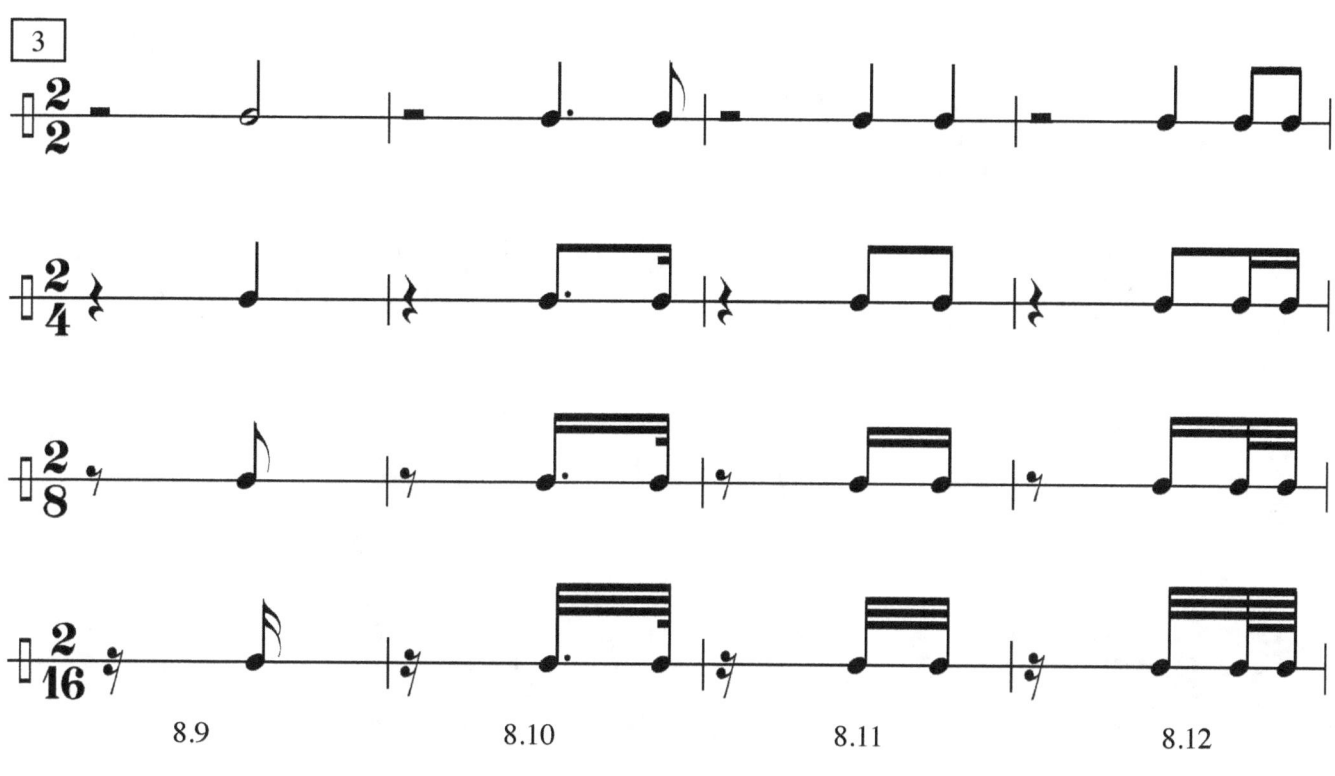

8.9   8.10   8.11   8.12

8.13   8.14   8.15   8.16

Level 8 Event Point Patterns (cont'd)
Beat Subdivision Level

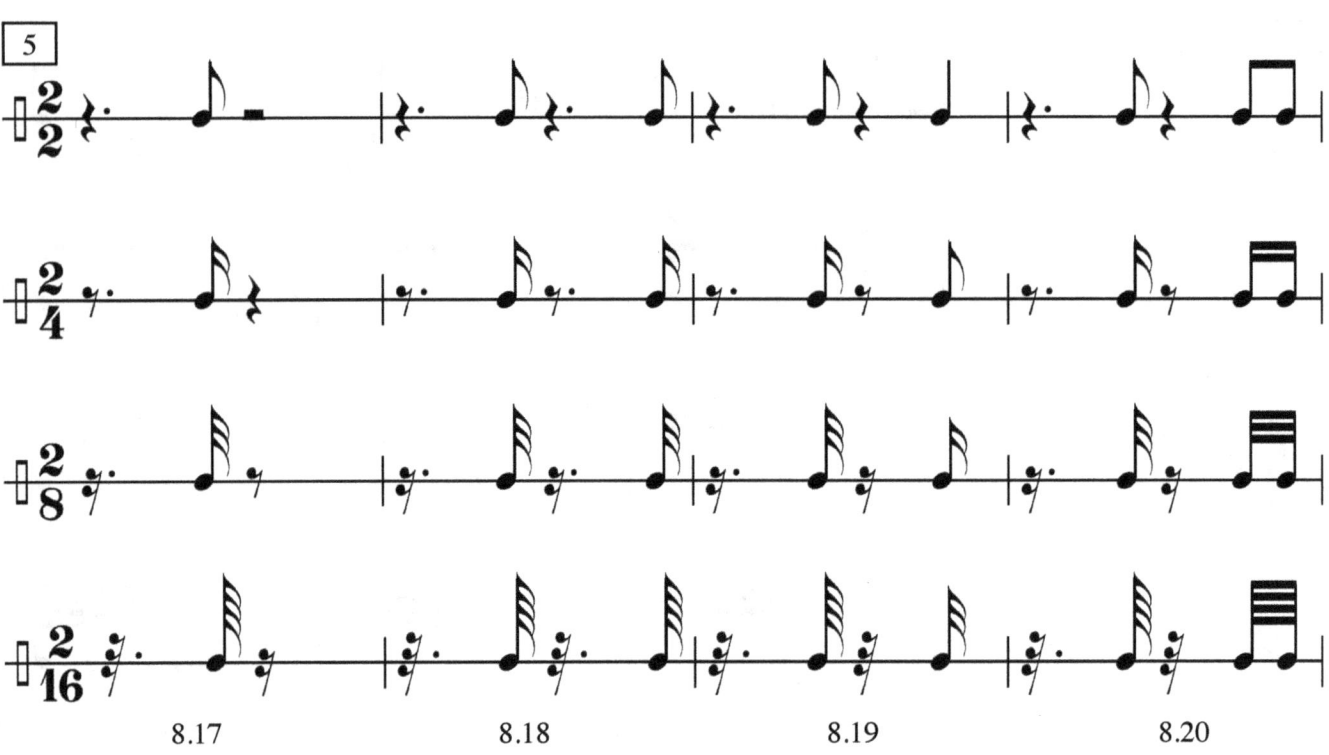

8.17   8.18   8.19   8.20

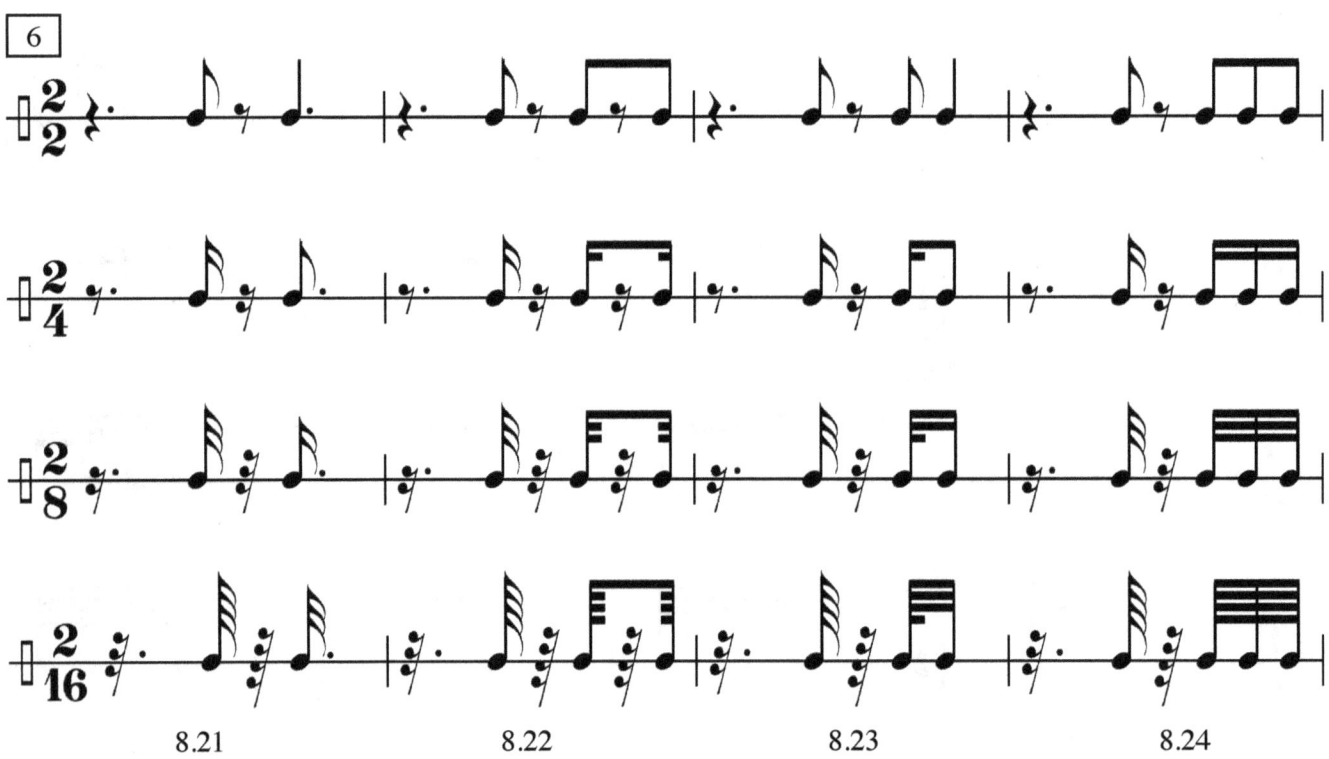

8.21   8.22   8.23   8.24

Level 8 Event Point Patterns (cont'd)
Beat Subdivision Level

Level 8 Event Point Patterns (cont'd)
Beat Subdivision Level

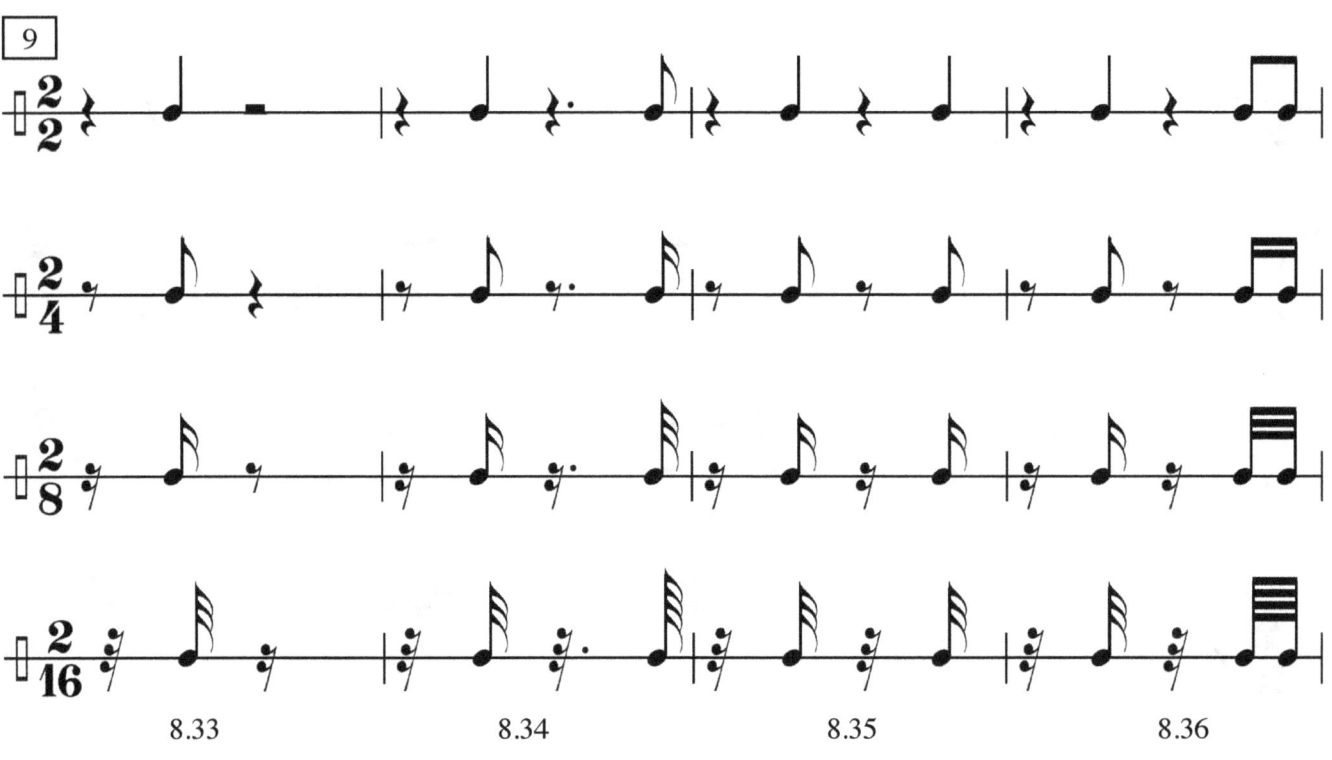

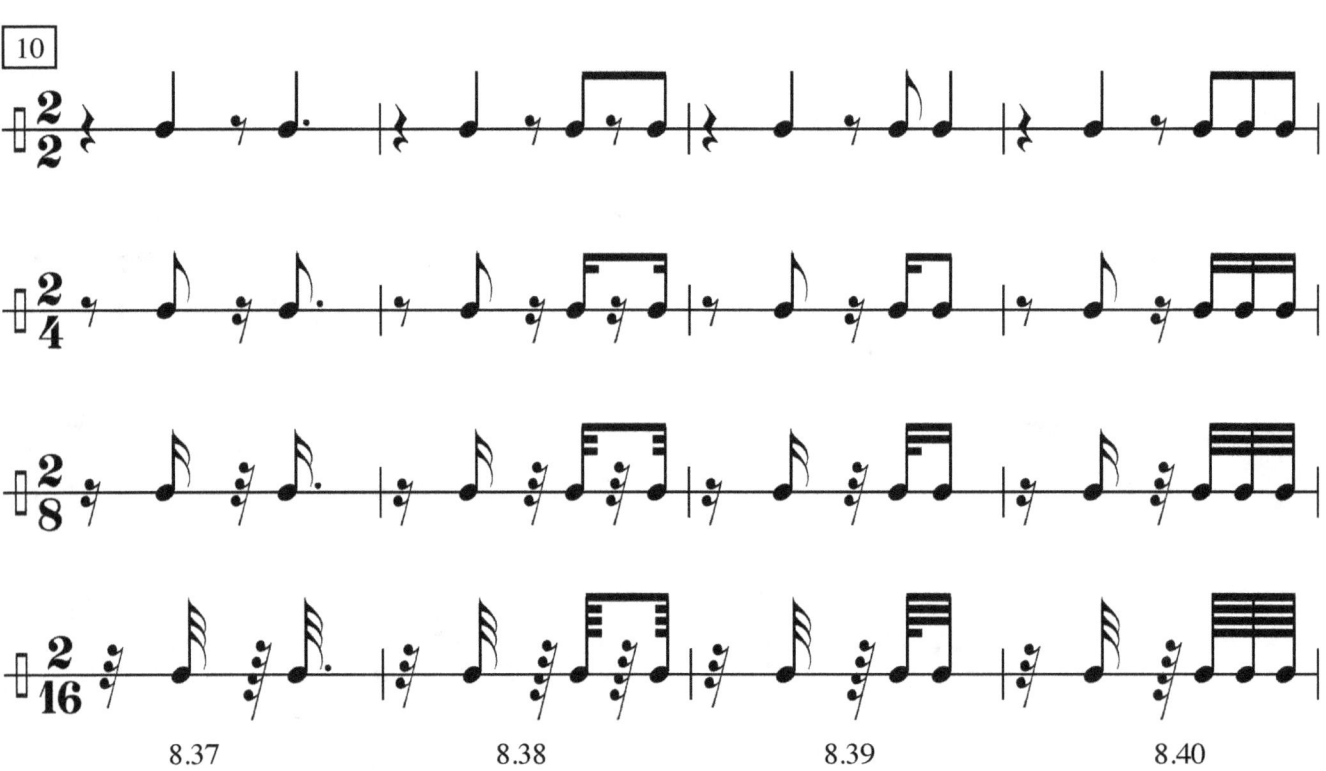

Level 8 Event Point Patterns (cont'd)
Beat Subdivision Level

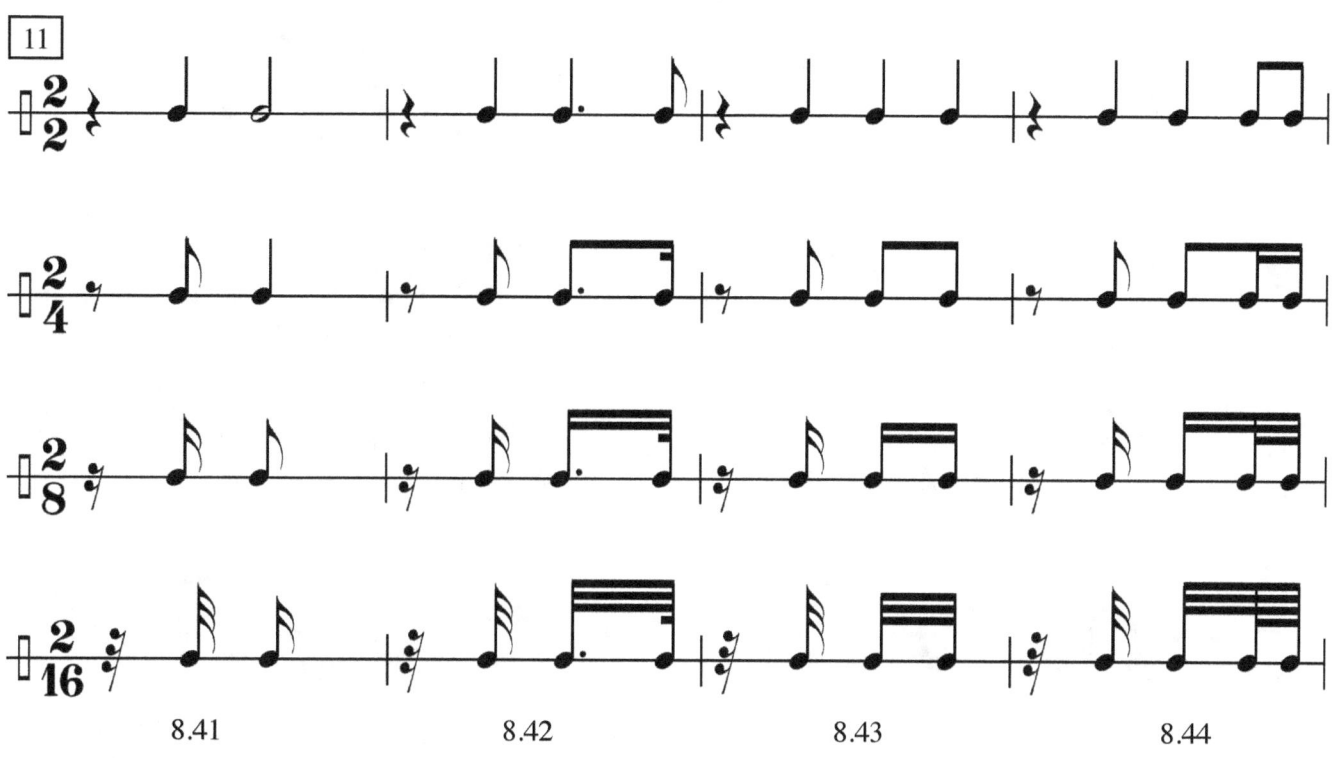

8.41　　　　　　8.42　　　　　　8.43　　　　　　8.44

8.45　　　　　　8.46　　　　　　8.47　　　　　　8.48

Level 8 Event Point Patterns (cont'd)
Beat Subdivision Level

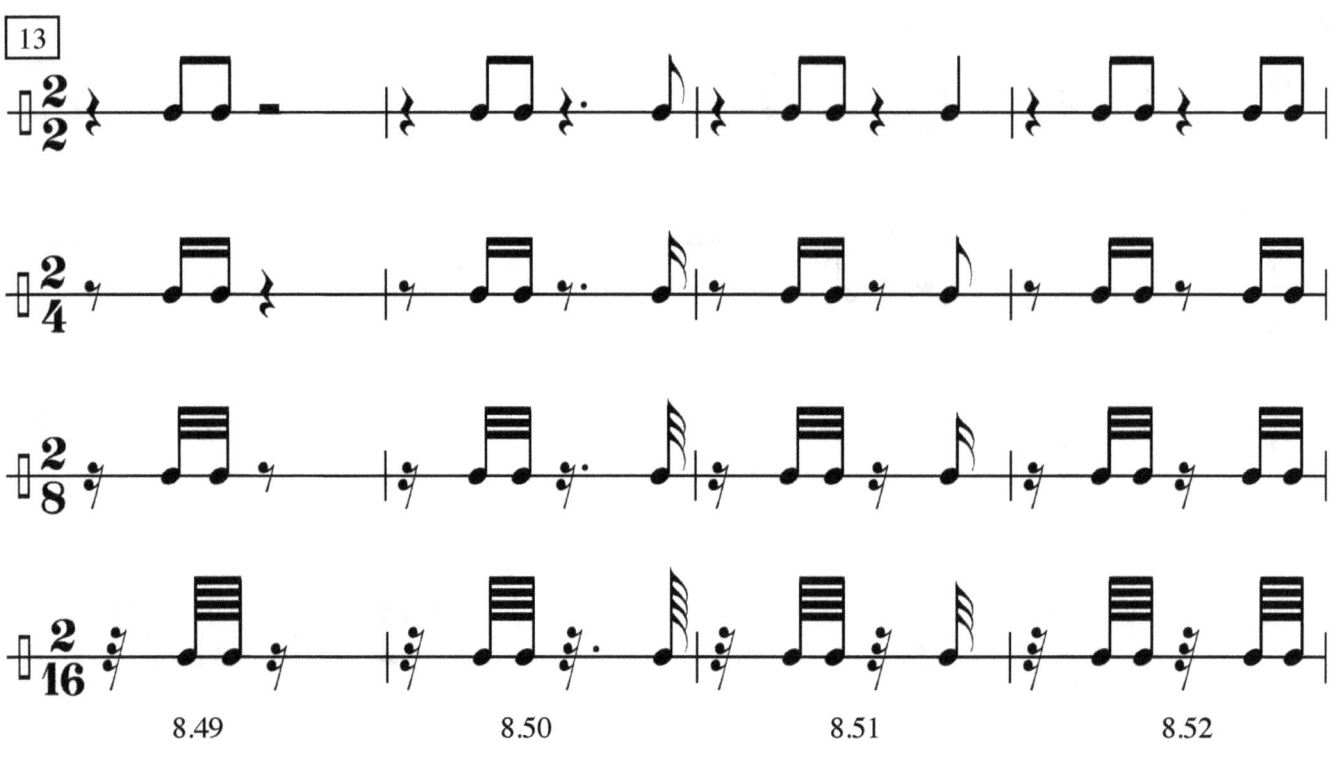

8.49　　　　　8.50　　　　　8.51　　　　　8.52

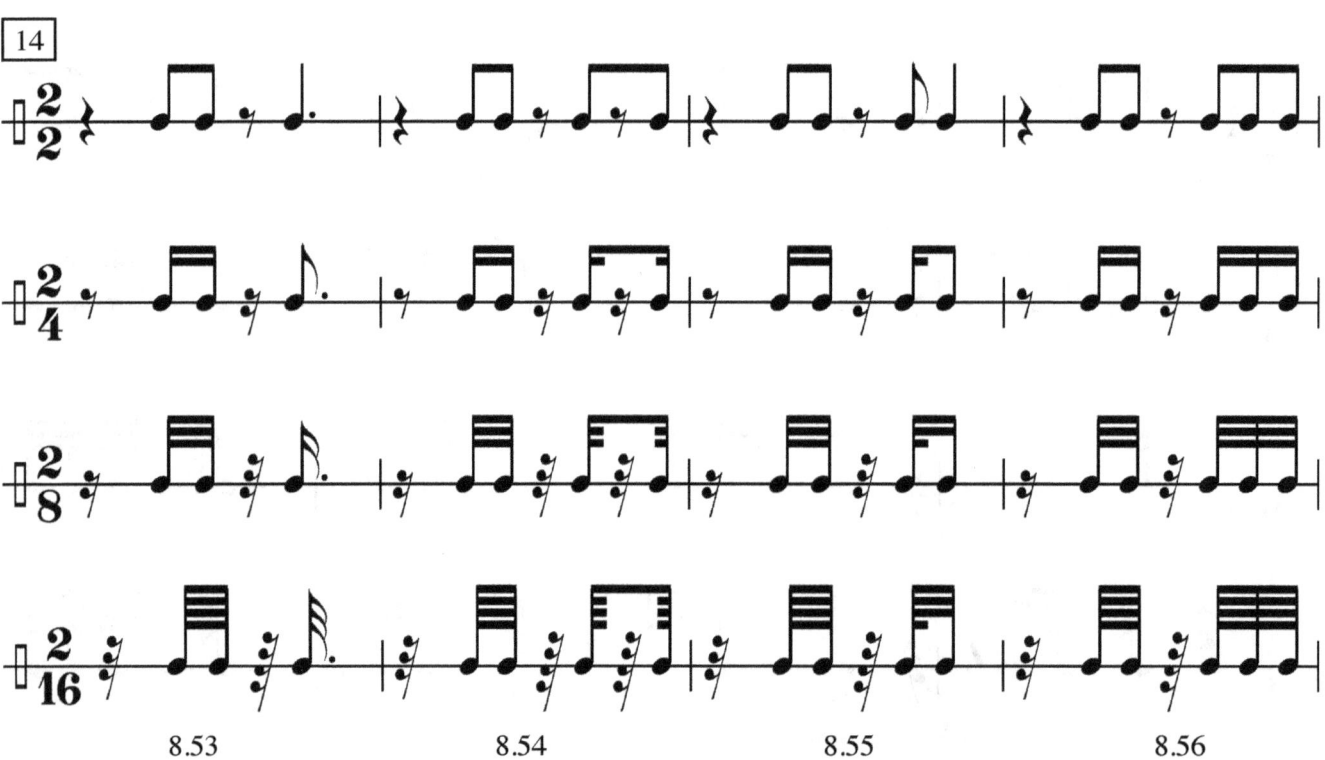

8.53　　　　　8.54　　　　　8.55　　　　　8.56

Level 8 Event Point Patterns (cont'd)
Beat Subdivision Level

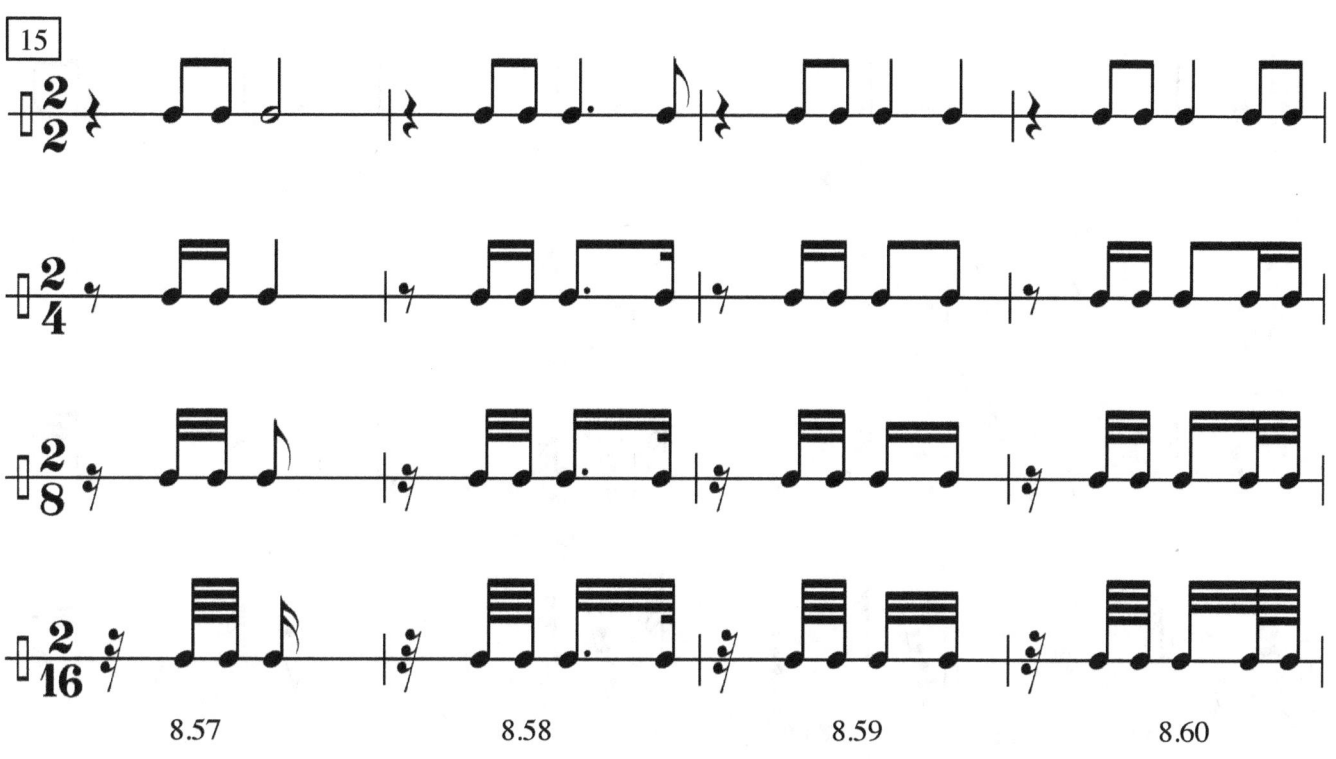

8.57 8.58 8.59 8.60

8.61 8.62 8.63 8.64

Level 8 Event Point Patterns (cont'd)
Beat Subdivision Level

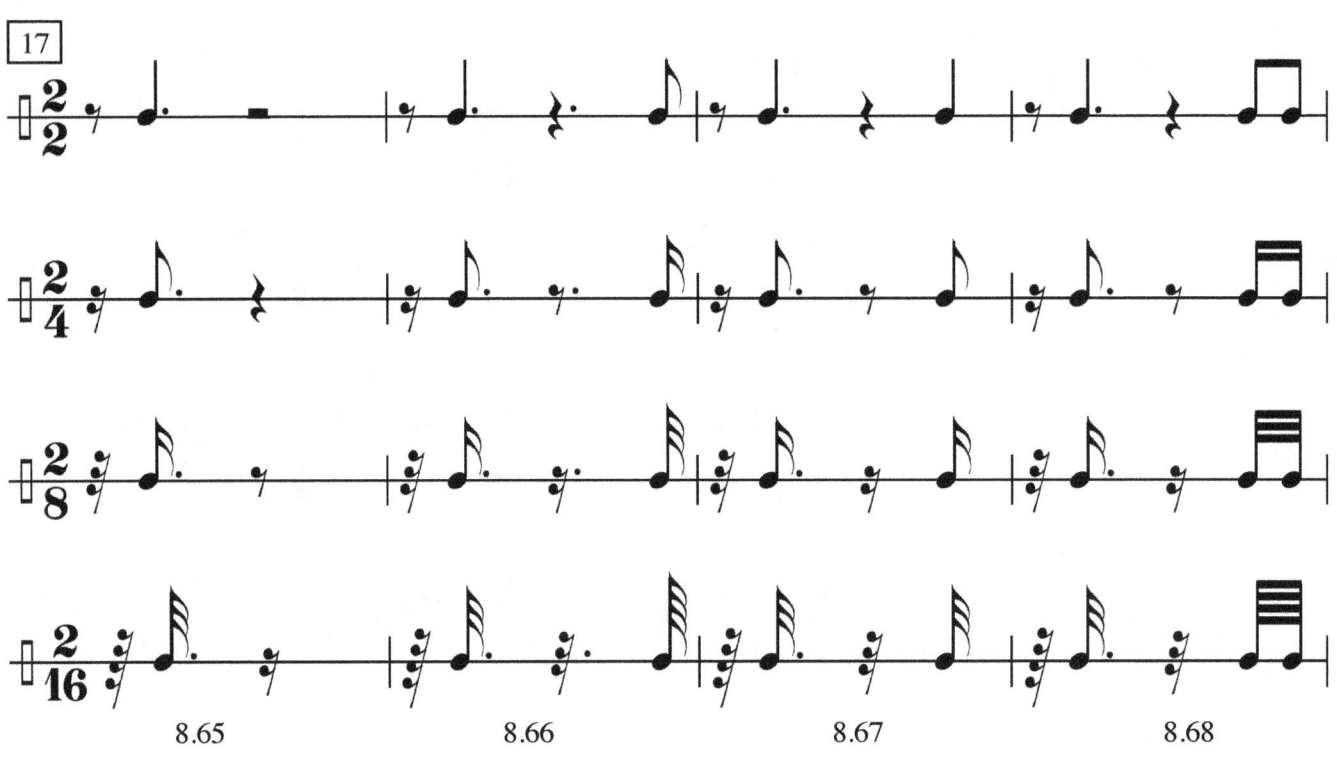

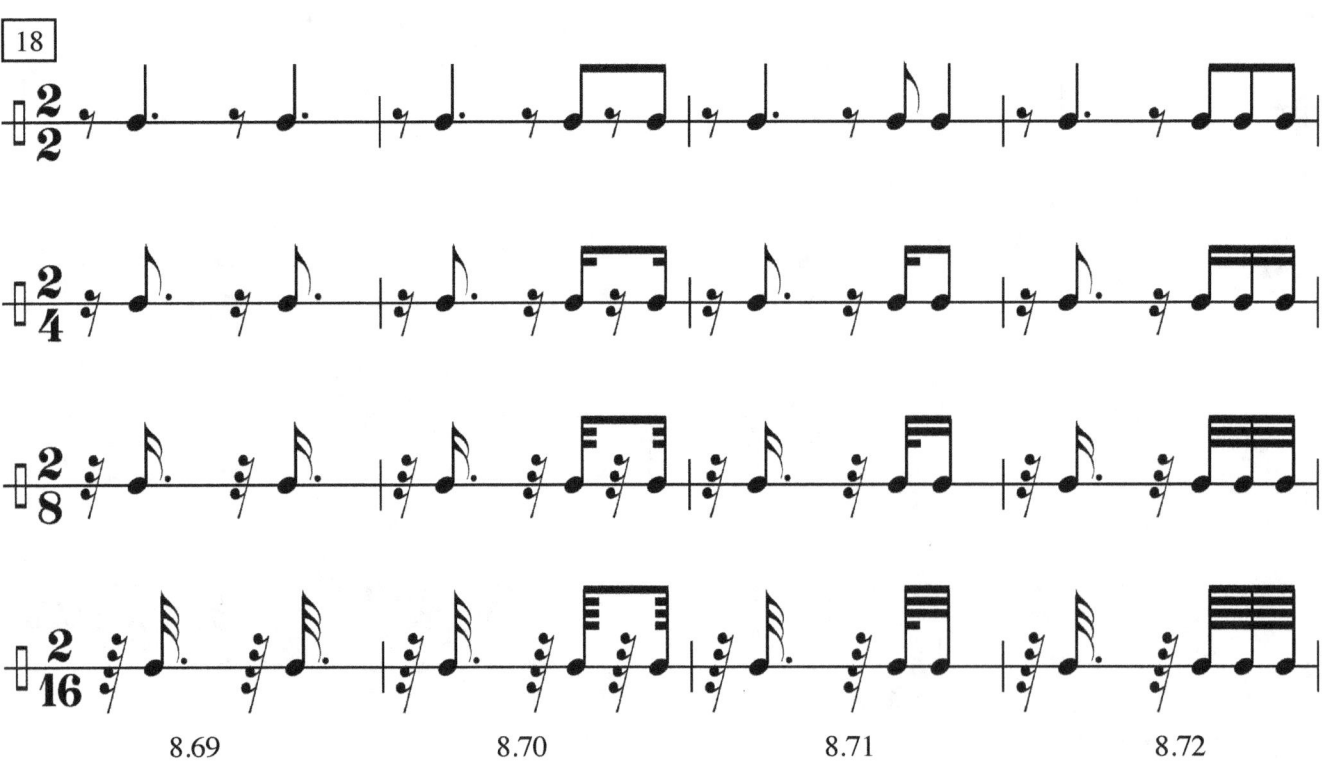

Level 8 Event Point Patterns (cont'd)
Beat Subdivision Level

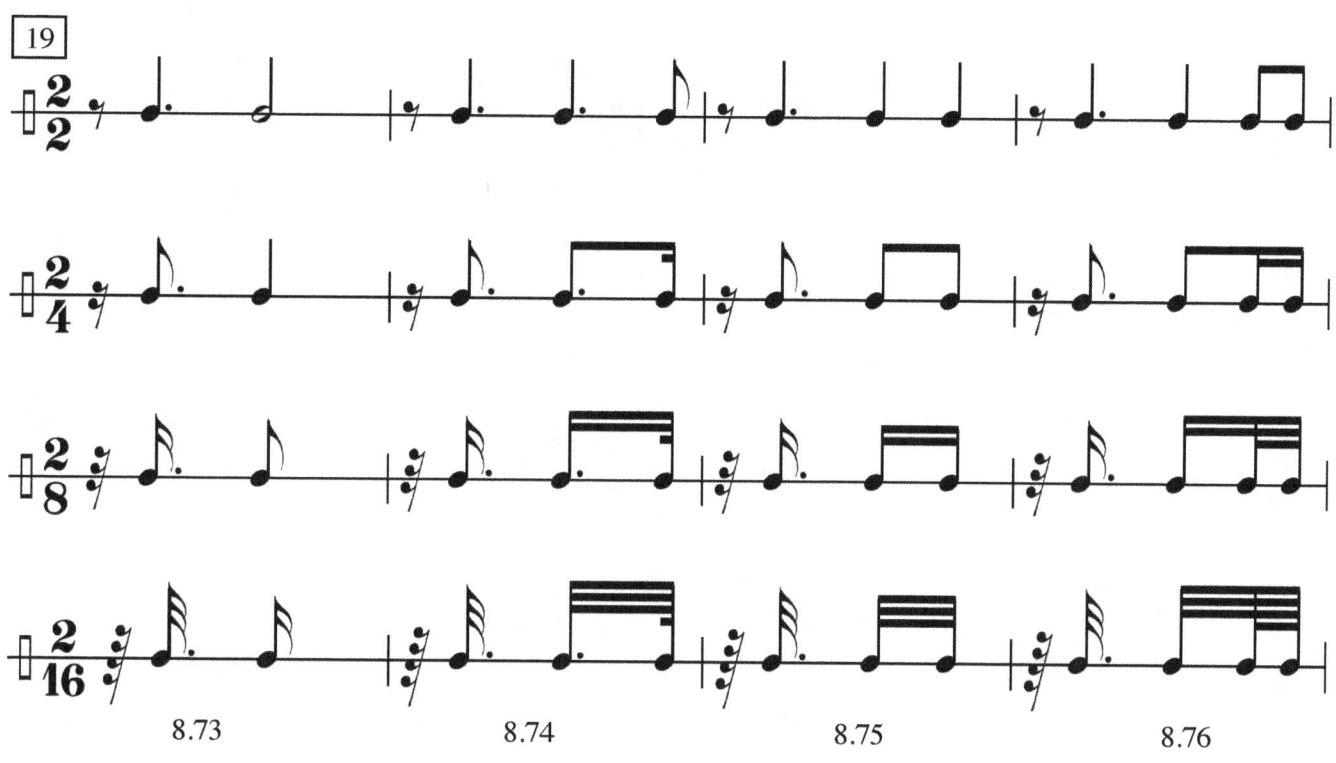

144

Level 8 Event Point Patterns (cont'd)
Beat Subdivision Level

8.81　　8.82　　8.83　　8.84

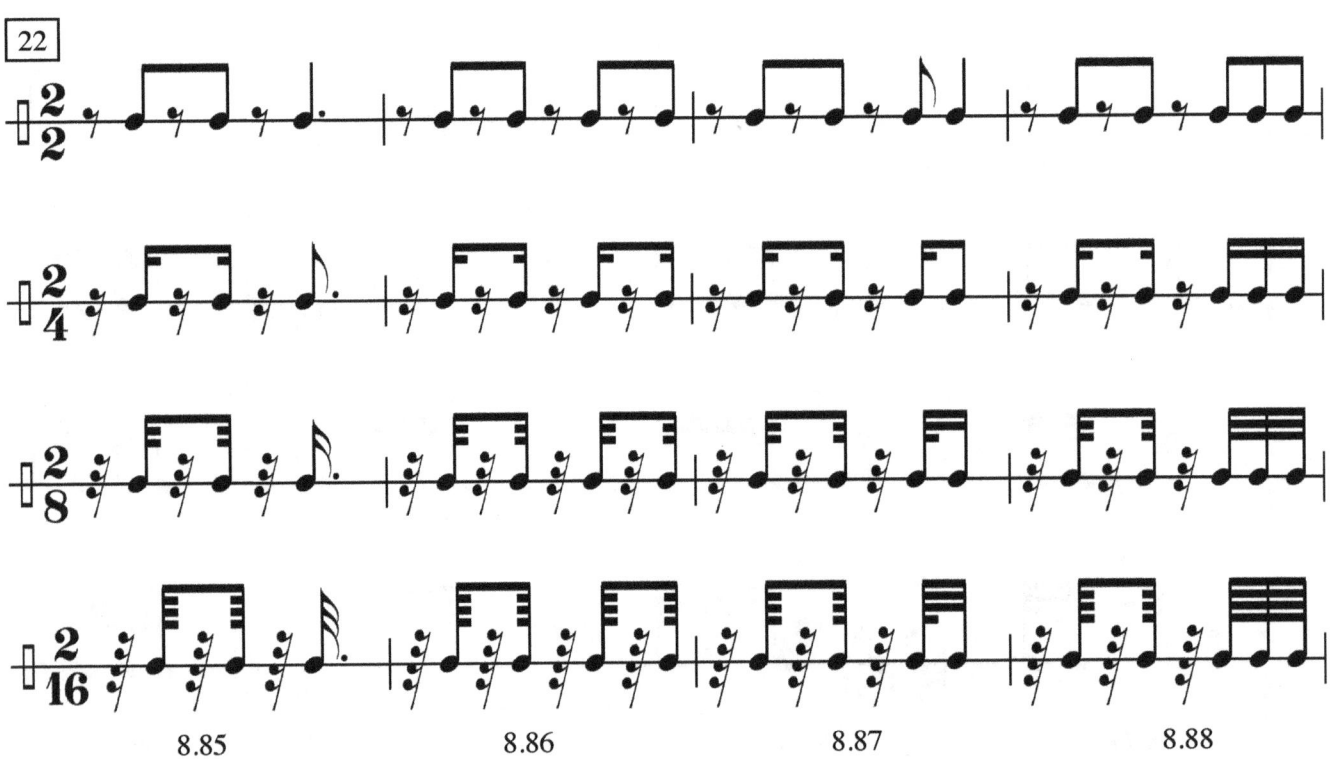

8.85　　8.86　　8.87　　8.88

Level 8 Event Point Patterns (cont'd)
Beat Subdivision Level

Level 8 Event Point Patterns (cont'd)
Beat Subdivision Level

8.97   8.98   8.99   8.100

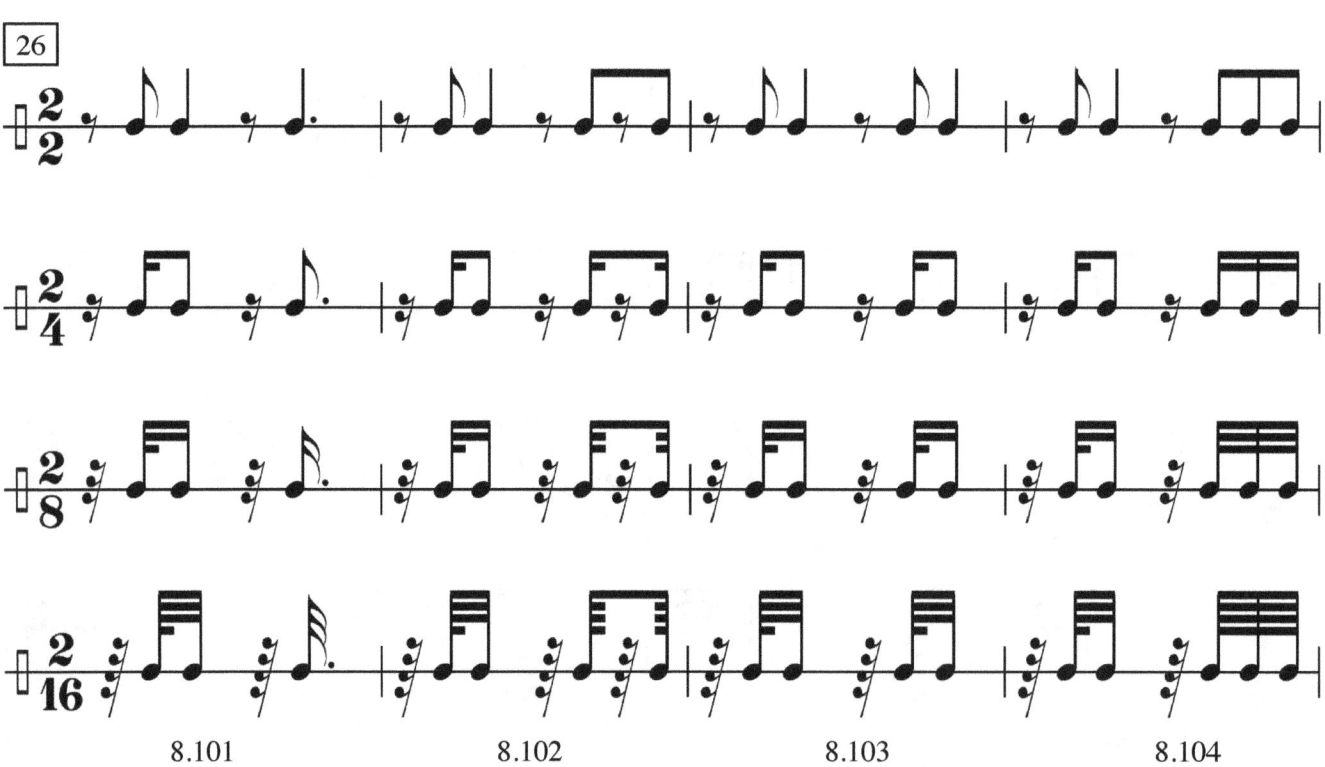

8.101   8.102   8.103   8.104

Level 8 Event Point Patterns (cont'd)
Beat Subdivision Level

8.105   8.106   8.107   8.108

8.109   8.110   8.111   8.112

Level 8 Event Point Patterns (cont'd)
Beat Subdivision Level

8.113   8.114   8.115   8.116

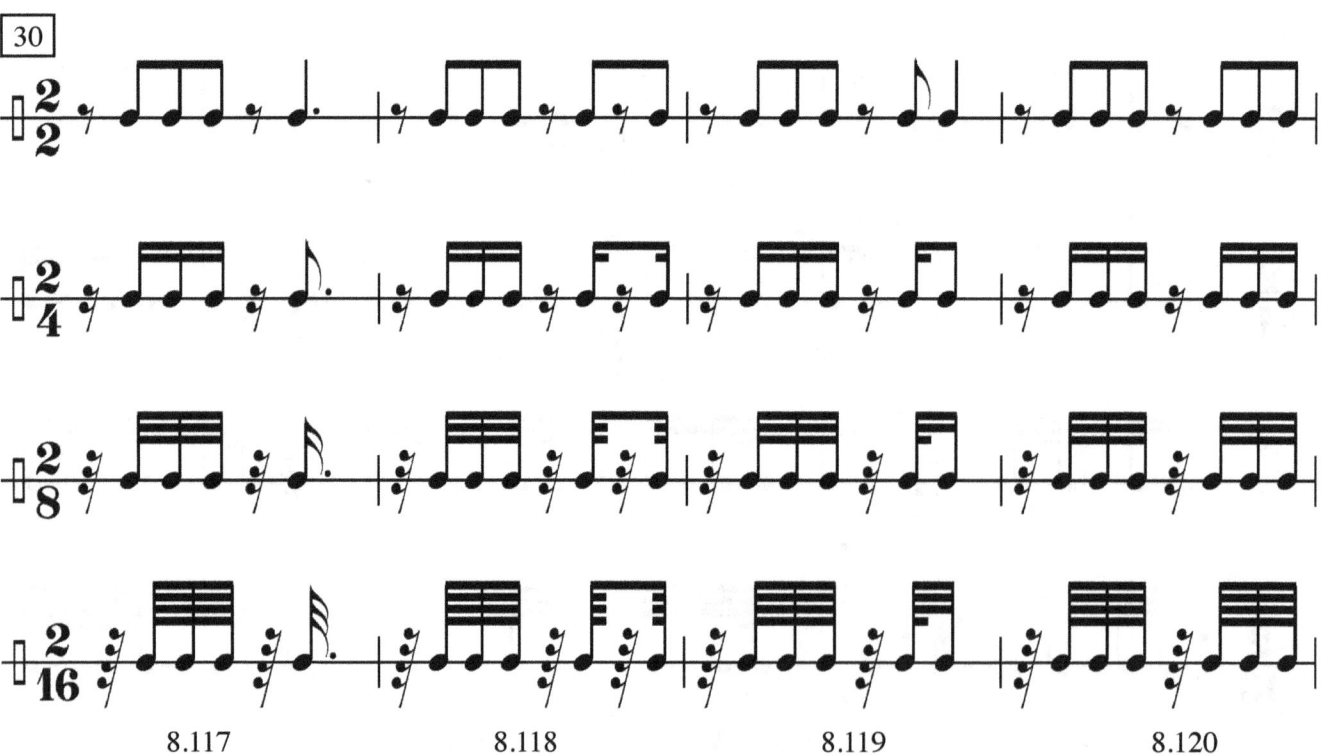

8.117   8.118   8.119   8.120

Level 8 Event Point Patterns (cont'd)
Beat Subdivision Level

8.121　　　　　8.122　　　　　8.123　　　　　8.124

8.125　　　　　8.126　　　　　8.127　　　　　8.128

Level 8 Event Point Patterns (cont'd)
Beat Subdivision Level

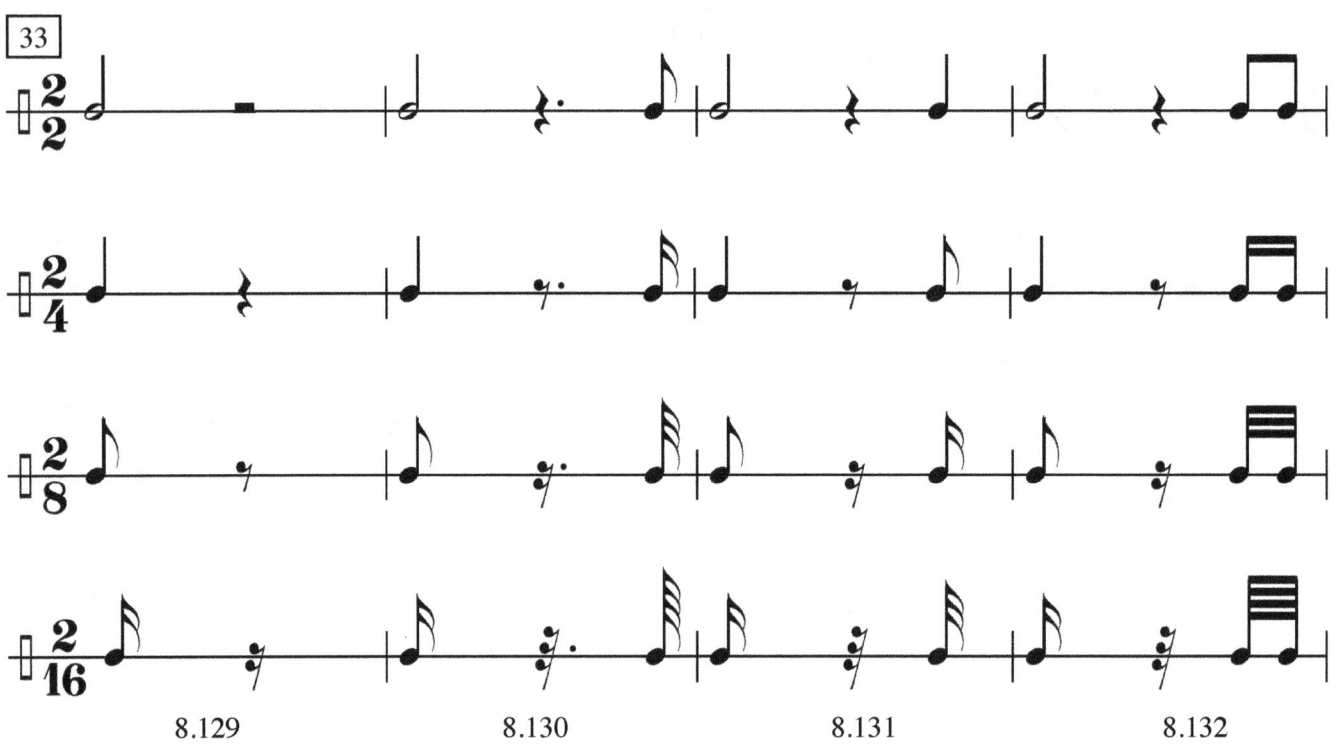

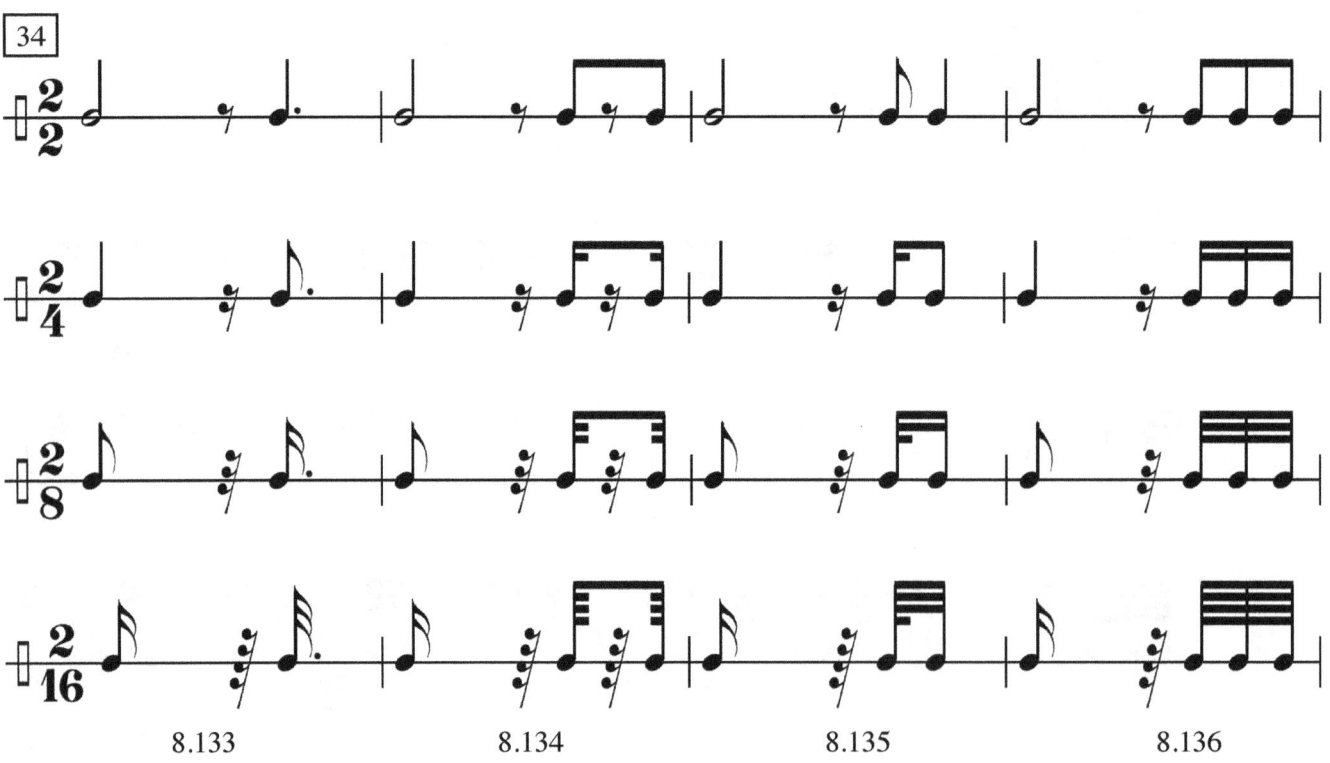

Level 8 Event Point Patterns (cont'd)
Beat Subdivision Level

8.137   8.138   8.139   8.140

8.141   8.142   8.143   8.144

Level 8 Event Point Patterns (cont'd)
Beat Subdivision Level

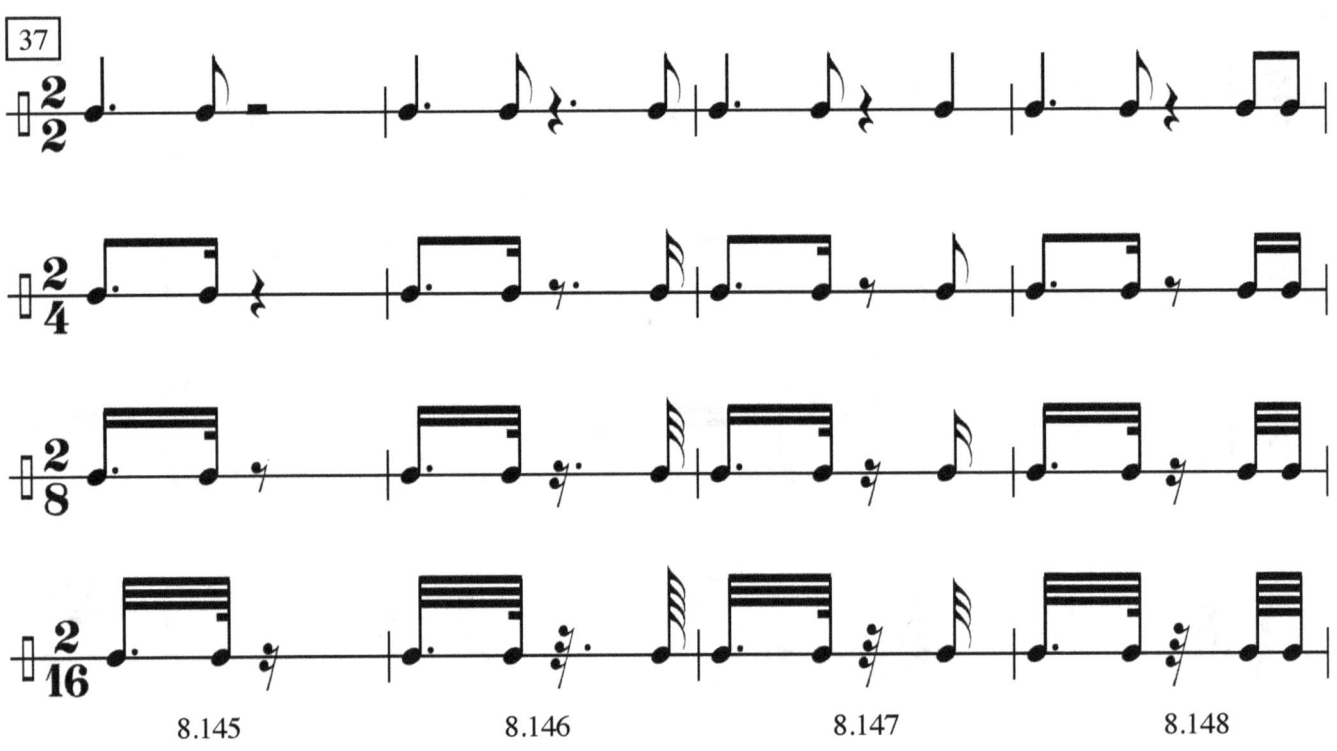

8.145　　8.146　　8.147　　8.148

8.149　　8.150　　8.151　　8.152

Level 8 Event Point Patterns (cont'd)
Beat Subdivision Level

8.153   8.154   8.155   8.156

8.157   8.158   8.159   8.160

Level 8 Event Point Patterns (cont'd)
Beat Subdivision Level

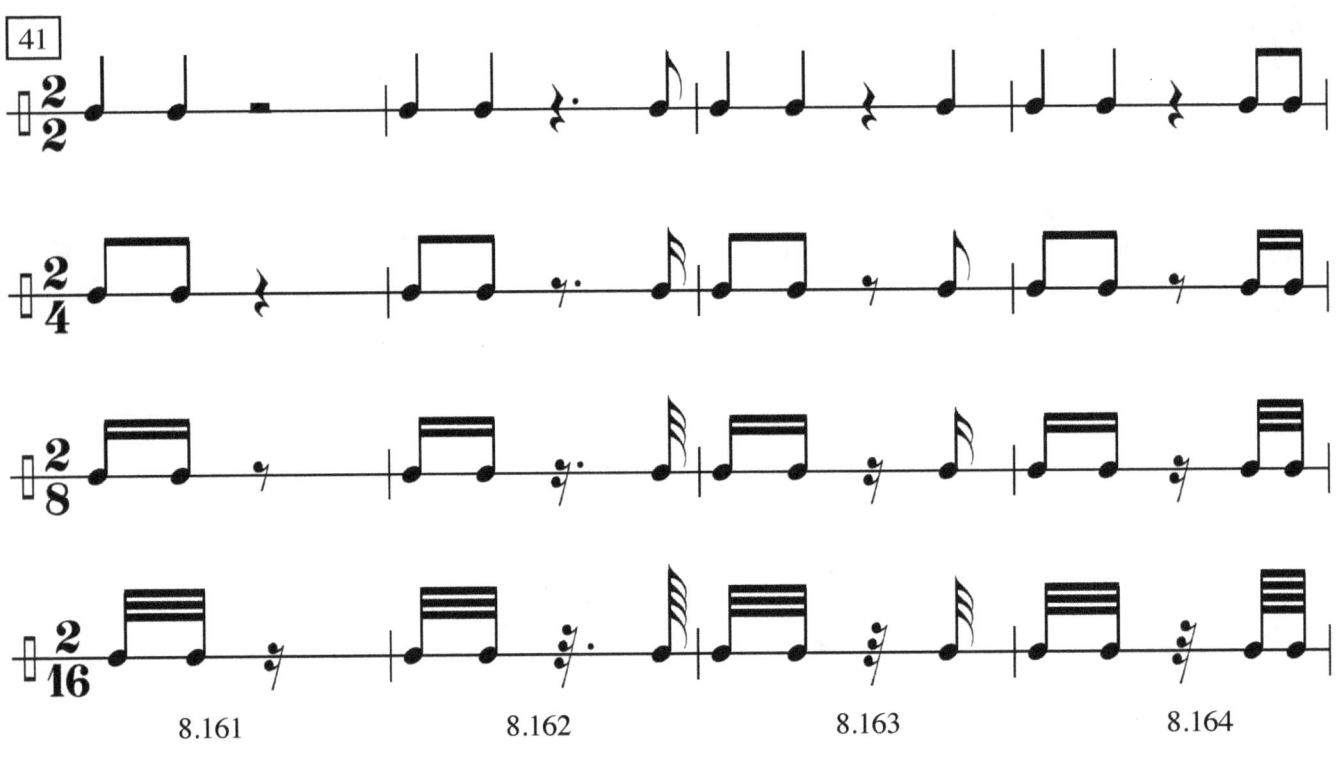

Level 8 Event Point Patterns (cont'd)
Beat Subdivision Level

Level 8 Event Point Patterns (cont'd)
Beat Subdivision Level

8.177　　　　8.178　　　　8.179　　　　8.180

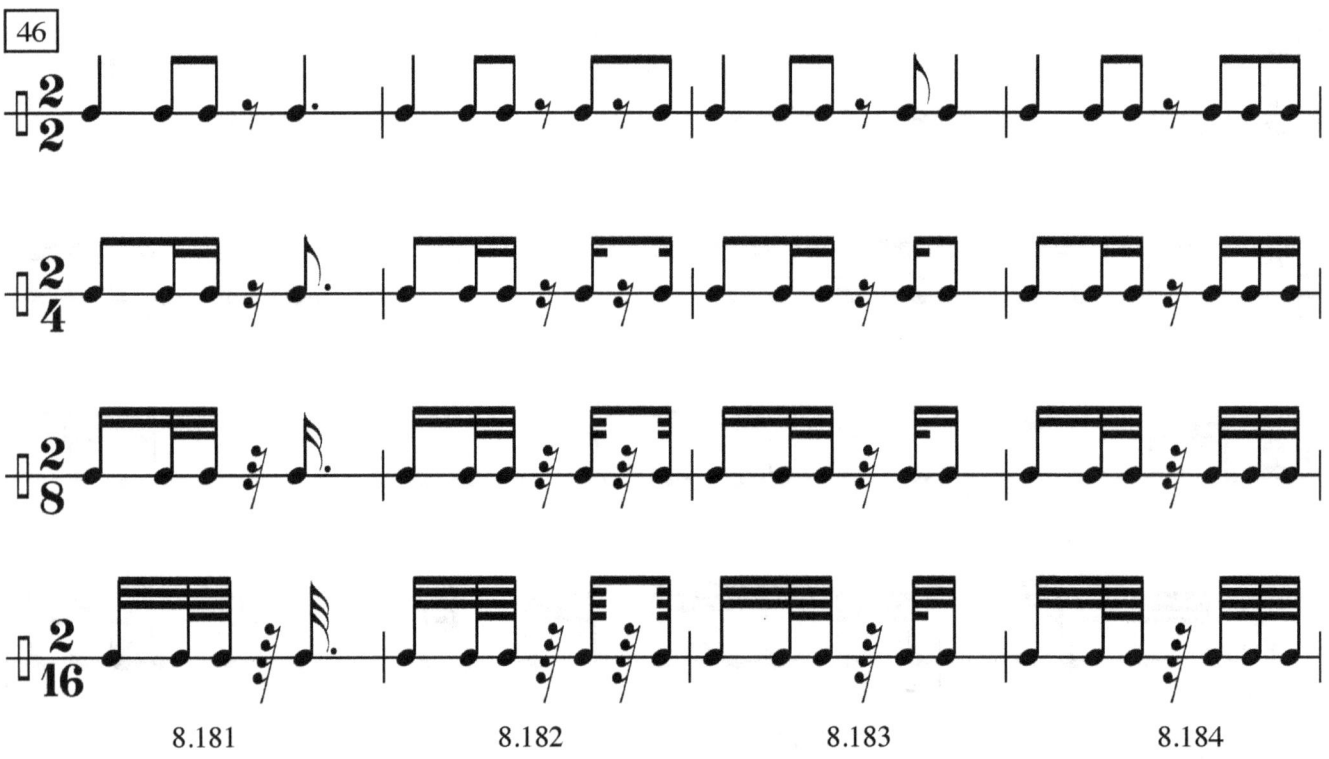

8.181　　　　8.182　　　　8.183　　　　8.184

Level 8 Event Point Patterns (cont'd)
Beat Subdivision Level

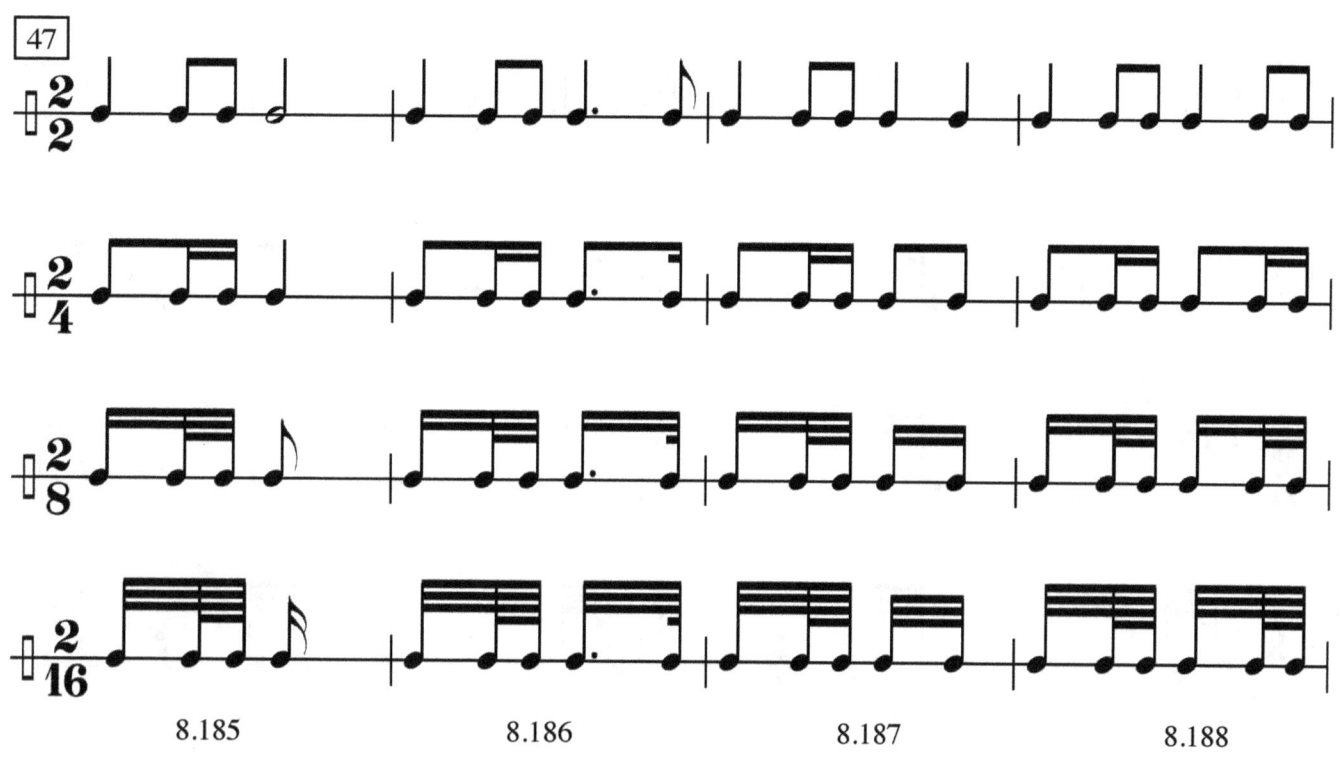

8.185   8.186   8.187   8.188

8.189   8.190   8.191   8.192

Level 8 Event Point Patterns (cont'd)
Beat Subdivision Level

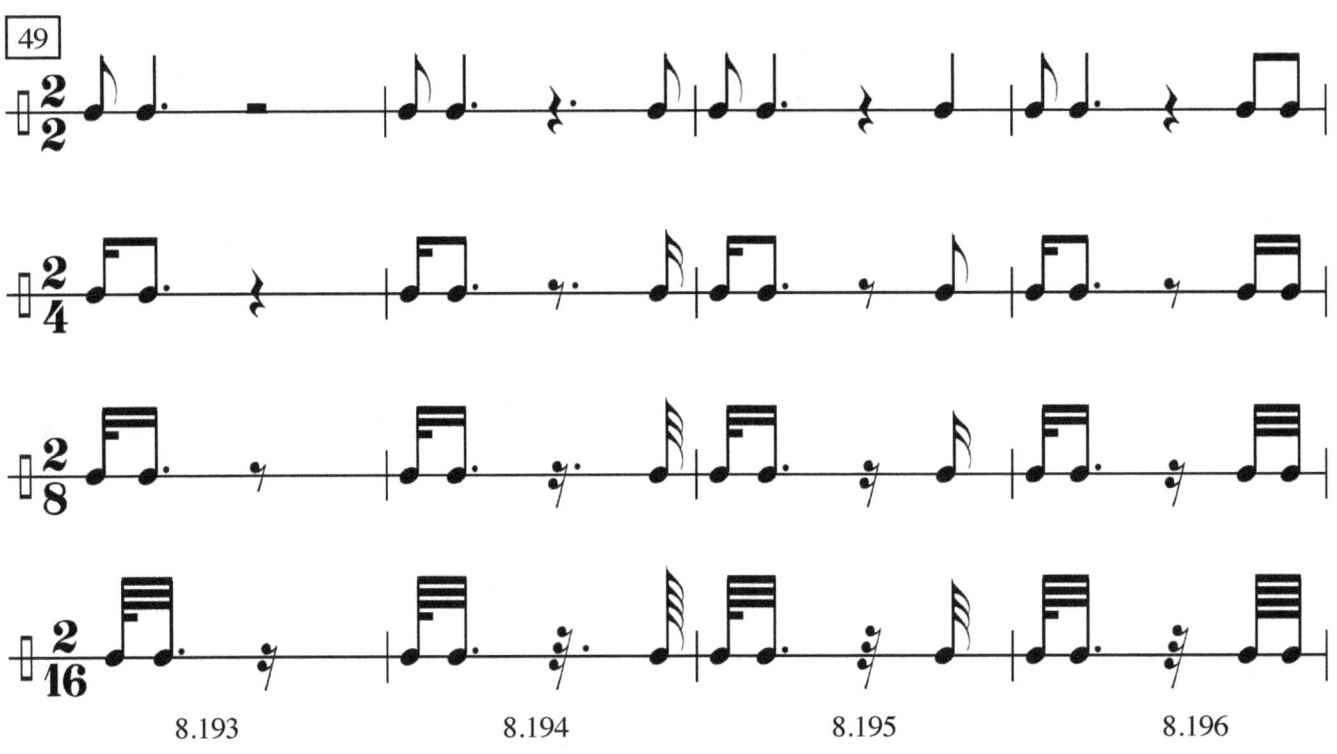

8.193   8.194   8.195   8.196

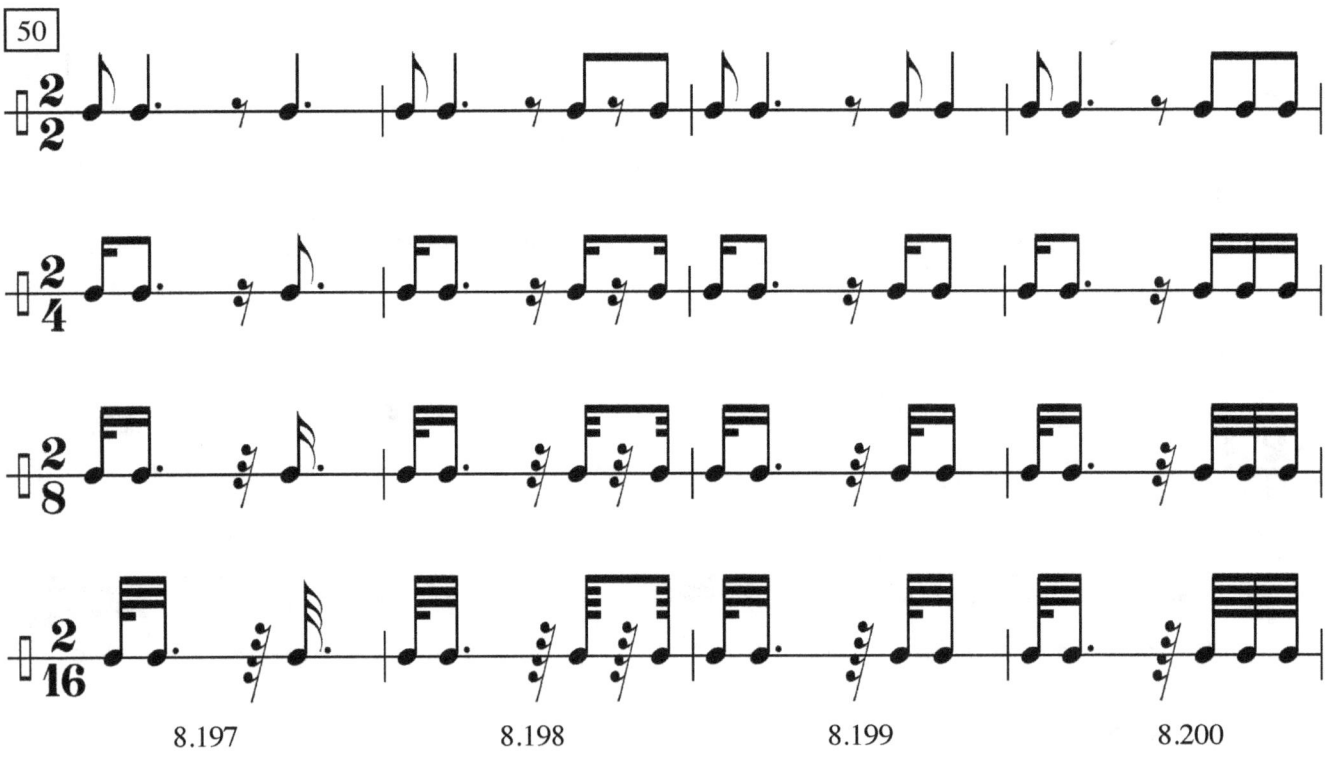

8.197   8.198   8.199   8.200

Level 8 Event Point Patterns (cont'd)
Beat Subdivision Level

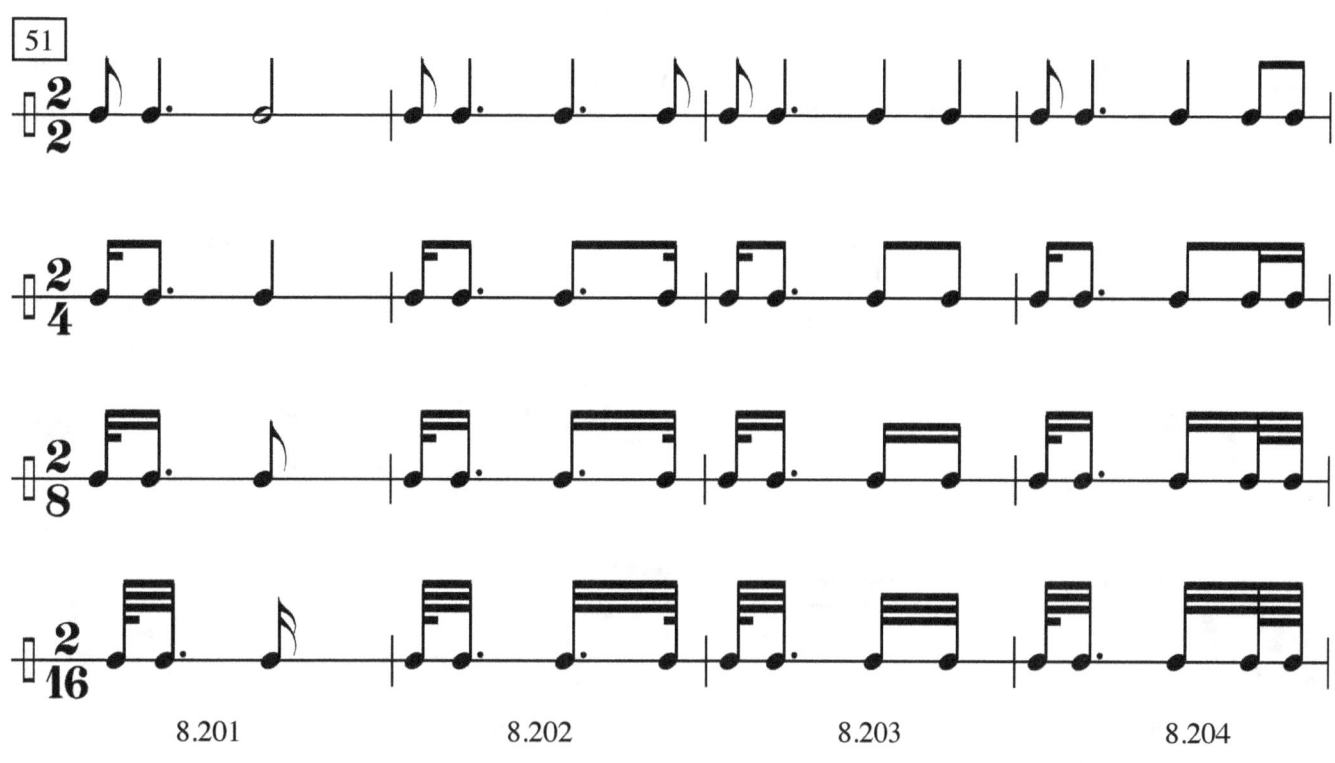

8.201   8.202   8.203   8.204

8.205   8.206   8.207   8.208

Level 8 Event Point Patterns (cont'd)
Beat Subdivision Level

8.209   8.210   8.211   8.212

8.213   8.214   8.215   8.216

Level 8 Event Point Patterns (cont'd)
Beat Subdivision Level

8.217 8.218 8.219 8.220

8.221 8.222 8.223 8.224

Level 8 Event Point Patterns (cont'd)
Beat Subdivision Level

8.225   8.226   8.227   8.228

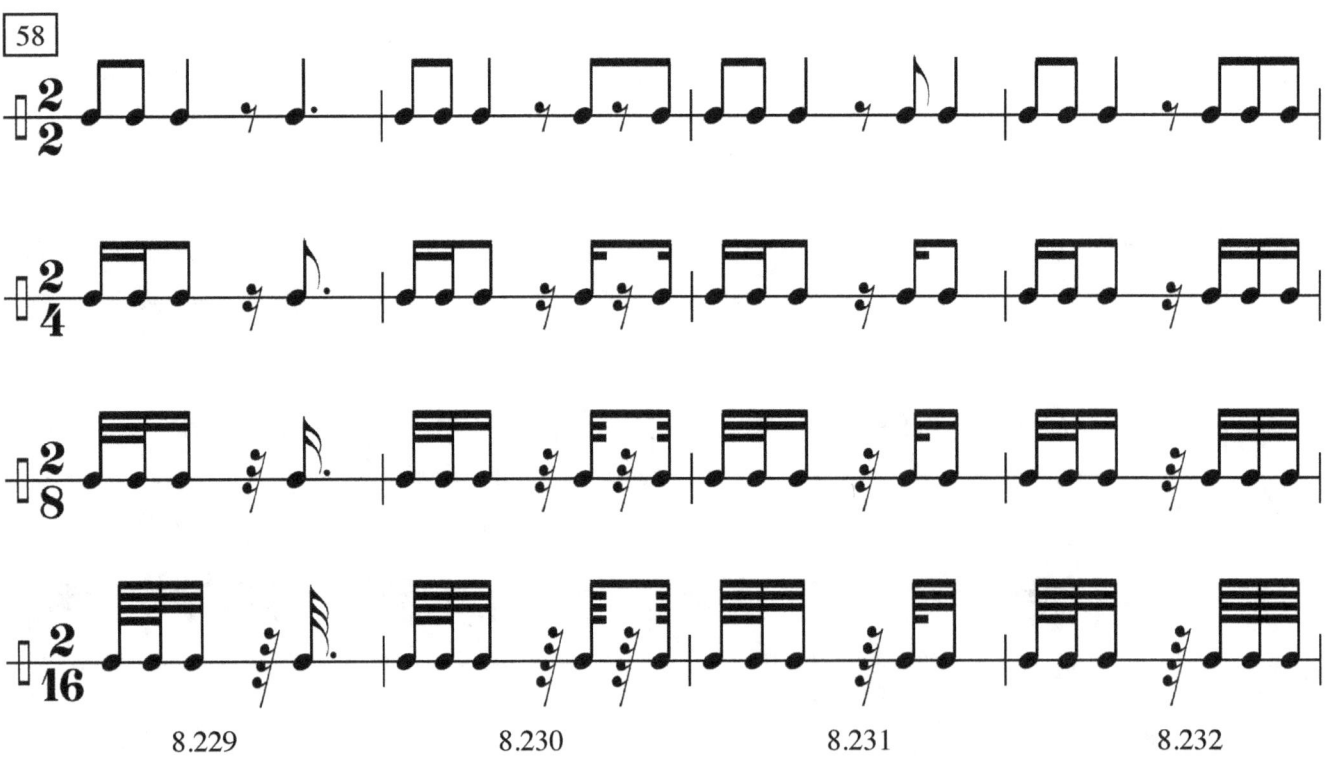

8.229   8.230   8.231   8.232

Level 8 Event Point Patterns (cont'd)
Beat Subdivision Level

Level 8 Event Point Patterns (cont'd)
Beat Subdivision Level

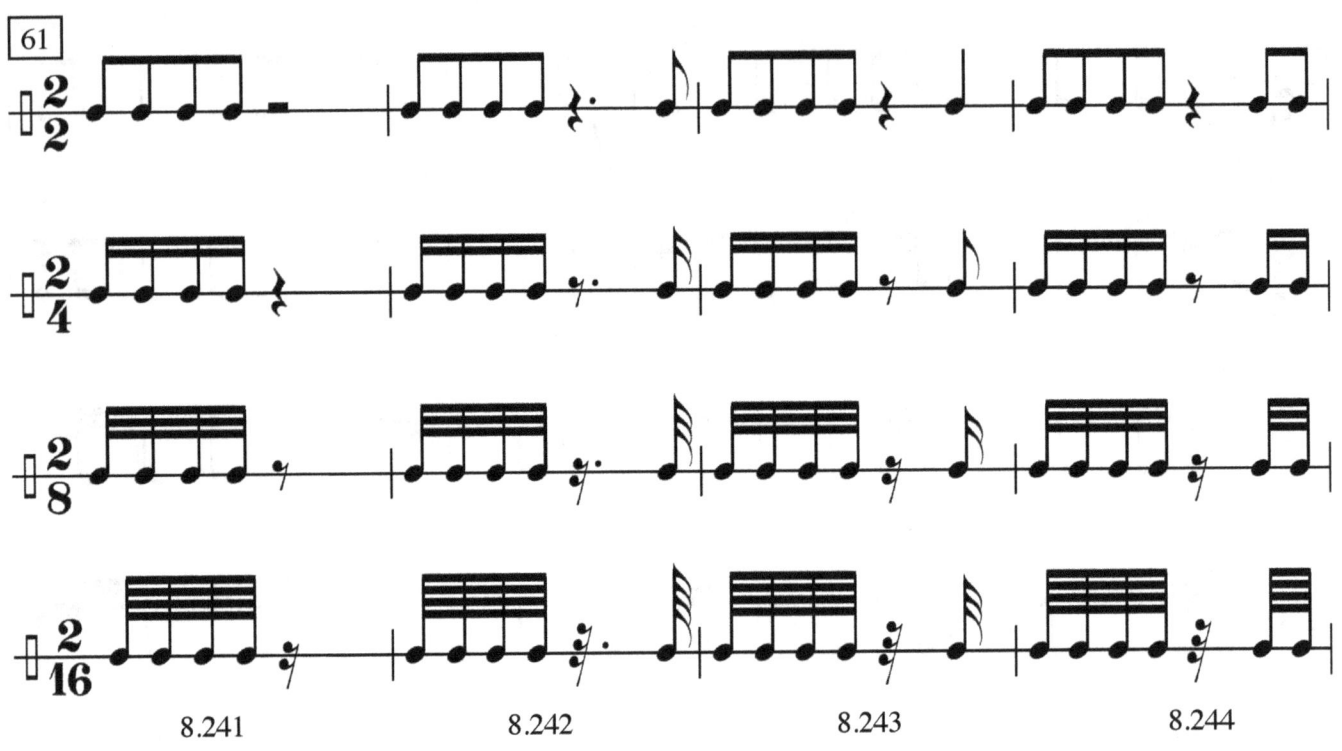

Level 8 Event Point Patterns (cont'd)
Beat Subdivision Level

8.249   8.250   8.251   8.252

8.253   8.254   8.255   8.256

Afterword

This volume of relative notation and counting syllable concepts has offered a set of tools for aiding your rhythmic explorations. Think of these tools collectively as a wet stone for your musical sword that you can use to keep your eyes, ears and mind sharp.

Music lives because we breathe life into it and take it places not yet visited. It is an amazing journey, and if you want to transition from simply playing an instrument to exploring the depths of artistry, you need only do two things: Make each rest and note a living extension of yourself, and make every measure count.

That's when you become part of the musical universe.

* / / *

NOTES

www.TheElementsofRhythm.com

For information about *The Elements of Rhythm* series and related music seminars, please visit our website, where we invite you to find the origins of silence and sound in *The Elements of Rhythm Volume I, 2^n - Binary Theory and Creation of the Fundamental Rhythm Patterns*.

This essential companion volume introduces the binary logic formula and the systematic production of the fundamental building block rhythm patterns from which all larger, more complex patterns are constructed.

Designed for use by musicians and music research groups, *The Elements of Rhythm Volume I* is an indispensable guide for the exploration of musical meter.

Excerpt from
The Elements of Rhythm
Volume I

2^n
Binary Theory and Creation of the Fundamental Rhythm Patterns

	0	1
0000	$00000_{5.1}$	$00001_{5.2}$
0001	$00010_{5.3}$	$00011_{5.4}$
0010	$00100_{5.5}$	$00101_{5.6}$
0011	$00110_{5.7}$	$00111_{5.8}$
0100	$01000_{5.9}$	$01001_{5.10}$
0101	$01010_{5.11}$	$01011_{5.12}$
0110	$01100_{5.13}$	$01101_{5.14}$
0111	$01110_{5.15}$	$01111_{5.16}$
1000	$10000_{5.17}$	$10001_{5.18}$
1001	$10010_{5.19}$	$10011_{5.20}$
1010	$10100_{5.21}$	$10101_{5.22}$
1011	$10110_{5.23}$	$10111_{5.24}$
1100	$11000_{5.25}$	$11001_{5.26}$
1101	$11010_{5.27}$	$11011_{5.28}$
1110	$11100_{5.29}$	$11101_{5.30}$
1111	$11110_{5.31}$	$11111_{5.32}$

The Elements of Rhythm

Volume I

2^n

Binary Theory and Creation of the Fundamental Rhythm Patterns

David R. Aldridge

About the Author

David R. Aldridge is a drummer, writer, composer and educator/clinician, based in Los Angeles, California. He has written for *DRUM!, Modern Drummer, Keyboard, Jazziz* and *DownBeat.*

For more information, please visit **www.myspace.com/DavidAldridgeDrums** or **www.DavidAldridge.net**

For blog articles, please visit **DavidAldridge.wordpress.com**

www.ingramcontent.com/pod-product-compliance
Lightning Source LLC
Chambersburg PA
CBHW080341170426
43194CB00014B/2641